Kahve Sanatı

Kahve için 100 Yaratıcı Tarif. Klasik İçeceklerden Eşsiz Yemek ve Tatlılara, Kahve İle Yemek Yapmanın ve Pişirmenin Birçok Lezzetini ve Olanaklarını Keşfedin

Abdullah Turan

İçindekiler

GİRİİŞ

Kahve, sabahları ana yemeklerden sonra veya öğleden sonra bir atıştırmaya eşlik etmek veya sadece uyku ve tembelliği uzak tutmak için en çok tüketilen içeceklerden biridir.

- Kahve, sabahları alınan bir içecekten daha fazlasıdır; çeşitli tatlı ve tuzlu tariflerde kullanılabilen çok yönlü bir malzemedir.

- "Kahve Yemek Tarifleri" ile 100 yaratıcı ve lezzetli tarifle kahve pişirmenin ve pişirmenin birçok lezzetini ve olasılığını keşfedeceksiniz.

- Latte ve cappuccino gibi klasik kahve içeceklerinden kahve ovuşturmalı biftek ve kahveli kokteyller gibi benzersiz tariflere kadar bu yemek kitabı her kahve sever için bir şeyler sunuyor.

- Kahve sadece lezzetli olmakla kalmaz, aynı zamanda iltihaplanma ve hastalıklarla savaşmaya yardımcı olabilecek antioksidanlar da dahil olmak üzere sağlık yararları ile doludur. "Kahve Yemek Tarifleri" ile bu çok yönlü malzemenin tüm avantajlarından yeni ve heyecan verici bir şekilde yararlanabilirsiniz.

Ayrıca, içeceğin hayranları, tüm çekirdek çeşitlerinin hem tatlı hem de tuzlu yemeklerde ve çok çeşitli tariflerde kullanılabileceğini öğrenmekten memnuniyet duyacaktır. Bunu göz önünde bulundurarak, hemen denemeniz için en iyi kahve tariflerinin bir listesini derledim!

KAHVE TARİFLERİ

1. Bedevi kahvesi

içindekiler

- 750 ml su
- 2 çay kaşığı taze çekilmiş kakule
- 1 çay kaşığı toz tarçın
- 1/2 çay kaşığı taze rendelenmiş zencefil
- 8 çay kaşığı taze öğütülmüş mocha
- 2 çay kaşığı şeker

hazırlık

1. Bedevi kahvesi için baharatları ve zencefili bir tencereye alın. (Saplı tipik cezve bunun için en iyisidir.)
2. Şimdi su ekleyin ve kaynatın. Isıyı en aza indirin ve suyu kapatın (böylece çok fazla su buharlaşmaz) 10 dakika pişirin.
3. Mocha ve şekeri ekleyin, bir kez karıştırın ve kahveyi ağzı kapalı olarak 5 dakika kaynamaya bırakın. Küçük kaselere dökün ve servis yapın.

2. Tatlı Süt ve Kahveli Turta

Malzemeler (hamur)

- 200 gram kırılmış mısır nişastalı bisküvi
- 100 gram tereyağı
- $\frac{1}{2}$ fincan sıcak süzülmüş Pimpinela Golden kahvesi
- 1 tatlı kaşığı kimyasal maya

Hazırlık

1. Fırını 180 ° 'de önceden ısıtın.
2. Tereyağını kahvede eritin ve yavaş yavaş maya ile önceden karıştırılmış ezilmiş bisküvi ile birleştirin. Çıkarılabilir bir halka şeklini (20 cm çapında) 1/2 cm yüksekliğe hizalayın. 30 dakika pişirin.
3. Çıkarın ve soğumasını bekleyin.

3. Çikolatalı ve Kahveli Kek

İçindekiler

Kek:

- 1 3/4 su bardağı rafine şeker ⬚ 2 ½ su bardağı un
- ½ su bardağı kakao tozu %50
- 1½ çay kaşığı kabartma tozu
- 1½ çay kaşığı kimyasal maya
- 1 çay kaşığı tuz
- 2 büyük yumurta, oda sıcaklığında
- 1 su bardağı süt
- 1 çay kaşığı sirke
- 2 çay kaşığı vanilya
- 240 ml Santa Clara sıcak demlenmiş kahve
- 1 su bardağı bitkisel yağ

Çatı:

- 125 gr oda sıcaklığında tereyağ
- 1 su bardağı %50 kakao tozu
- 2 ½ su bardağı pudra şekeri
- 2 yemek kaşığı demlenmiş kahve
- ½ çay kaşığı vanilya

Hazırlık:

Kek:

1. Fırını 200 dereceye ısıtın.
2. 33 x 23 cm'lik bir kalıbı yağlayın ve kakao tozu (veya un) serpin.
3. Büyük bir kapta şeker, un, kakao, kabartma tozu, kabartma tozu ve tuzu iyice karıştırarak birleştirin. Yumurta, süt, sirke, vanilya, kahve ve yağı ekleyin. Her şeyi bir fuet veya el mikseri ile 2 dakika karıştırın. Hazırlanan kalıba koyun ve 30-40 dakika veya ortasına

14

batırdığınız kürdan temiz çıkana kadar pişirin. Tepsiyi yerleştirmeden önce 10 dakika soğumaya bırakın.

Çatı:

1. Orta boy bir tencerede tereyağını kısık ateşte eritin. Ateşi kapatın ve kakao ekleyin. Ocağı orta ateşe getirin ve kaynamaya başlayana kadar pişirin. Ateşi kapatın ve şeker, kahve ve vanilyayı ekleyin. Bir fuet ile iyice karıştırın. Buzlanmayı biraz kalınlaşana kadar 10 dakika soğumaya bırakın. Hemen kalıbın içindeki kekin üstüne yayın. Soğuyan muhallebi çok soğumasın yoksa kekin üzerine yayılmasını zorlaştırır.

4. Kış kakule ve tarçınlı latte

içindekiler

- 1 kutu hindistancevizi sütü (alternatif olarak vegan çırpılmış krema)
- 6 kakule bakla
- 2 çubuk (lar) tarçın
- 160 ml kahve
- 100 ml badem sütü (veya yulaf sütü)
- Tarçın (öğütülmüş, serpmek için) hazırlanışı

2. Kışlık kakule-tarçınlı latte için önce hindistan cevizi sütünü bir gece buzdolabına koyun.
3. Ertesi gün hindistan cevizi sütünü buzdolabından çıkarın, sertleşmiş hindistan cevizi kremasını kutudan çıkarın ve dikkatlice sıvıya karıştırmadan soğutulmuş bir kaseye dökün. El mikseri ile krema kıvamına gelene kadar karıştırın.
4. Kakule kabuklarını ve tarçın çubuklarını büyük bir bardağa koyun ve taze demlenmiş kahveyi üzerlerine dökün.
5. Sütü ocakta kısık ateşte ısıtın.
6. Kakule kapsüllerini ve tarçını süzün, kahveyi iki fincana bölün ve ardından sıcak sütle karıştırın.
7. Bardakların her birine 2 ila 3 yemek kaşığı hindistancevizi kreması dökün ve tarçınlı kış kakule-tarçınlı latte serpin.

5. Çikolatalı Muzlu Kek

içindekiler

- 2 muz (çok olgun)
- 250 ml yağsız süt
- 300 gr tam buğday unu
- 1 çay kaşığı Kabartma tozu
- 1 tuz kutusu
- 50 gr bitter çikolata
- 150 gram şeker hazırlanışı

1. Fırını 160 ° C'ye önceden ısıtın.
2. Muzlu çikolatalı kek için yumurtaları ayırın ve muzları süt ve yumurta sarısı ile püre haline getirin. Unu kabartma tozu ve tuzla birlikte eleyin.
3. Bitter çikolatayı rendeleyin ve karıştırın, ardından ezilmiş muzu ekleyin.
4. Yumurta aklarını kar haline getirin ve şekeri karıştırın. Yumurta beyazını muz hamurunun üzerine kaydırın ve dikkatlice katlayın.
5. Baton kek kalıbına pişirme kağıdı serip karışımı ekleyin.
6. Muzlu çikolatalı keki önceden ısıtılmış fırında 160 ° C'de iyi bir saat pişirin.

6. Kafe latte

içindekiler

☐ 150 ml tam yağlı süt (%3,5)

☐ 1 espresso hazırlama

1. Caffè Latte için sütü elektrikli süt köpürtücüde ısıtın ve köpürtün. Uzun bir bardağa dökün. Ya espressoyu doğrudan bardağa akıtın ya da bardak makinenin altına sığmıyorsa bir kaşığın arkasını kullanarak bardağa dökün. Bu, tipik 3 katmanı oluşturur!

2. Caffè latte'yi bir parça bitter çikolata veya bisküvi (cantucci) ile servis edin.

7. Ev yapımı latte kahve

Bileşen

- Kahve - 9 çekirdek
- Su - 30 mi
- Yağlı süt (%3,5, ev yapımı) - 150 ml
- Hazırlanışına göre şeker

1. Kahve çekirdeklerini bir kahve değirmeni içinde öğütün.
2. Taze çekilmiş kahveyi bir Türk'e dökün, soğuk su dökün.
3. Hindiyi kısık ateşte koyun, köpük yükselmeye başlayana kadar pişirin.
4. Köpük yükselmeye başlar başlamaz kahveyi ocaktan alın.
5. Sütü ısıtın ama kaynatmayın! Süt ısıtılmalıdır (yaklaşık 80 derece).
6. Sütü havadar bir köpük oluşana kadar çırpın.
7. Sütün yarısını latte bardağına dökün.
8. Kahveyi bir süzgeçten geçirerek bir bardağa süzün. Espressoyu bardağın kenarı boyunca ince bir akışla bardağa dökün.
9. Hazırlanan süt köpüğünü üstüne koyun. İçecekle birlikte bir bardağa pipet koyun. Ev yapımı latte kahve hazır.

8. İrlanda Kahvesi

içindekiler

- 100 ml İrlanda viskisi
- 4 fincan sıcak kahve
- 3 yemek kaşığı esmer şeker
- 100 gr çırpılmış krema
- garnitür hazırlanması için ham şeker

1. Kahve, viski ve şekeri karıştırarak iyice ısıtın ve şekeri eritin, ardından önceden ısıtılmış cam bardaklara dökün.
2. Kremayı hafifçe çırpın ve biraz esmer şeker serperek kahvenin üzerine kap olarak servis yapın.

9. Muzlu çikolatalı kahve

içindekiler

- 2 yemek kaşığı limon suyu
- 1 yemek kaşığı şeker
- 1 tutam vanilya posası
- 1 muz
- 2 yemek kaşığı çikolata şurubu
- 400 ml taze demlenmiş sıcak kahve
- 150 ml süt
- üzerine serpmek için kakao tozu Hazırlama adımları

1. Limon suyunu şeker, vanilya ve 100 ml su ile bir tencerede kaynatın. Muzu soyun ve doğrayın. Tencereye dökün, 1-2 dakika pişirin ve ocaktan alın. Biraz soğumaya bırakın, sonra 4 bardağa doldurun.
2. Şurubu kahve ile karıştırın ve 2 yemek kaşığı hariç muzların üzerine dikkatlice dökün. Kalan kahveyi sütle ısıtın ve köpürene kadar karıştırın. Kahvenin üzerine dökün ve biraz kakao serperek servis yapın.

10. Karamelli kahve

içindekiler

- 2 hurma (Medjool; çekirdeksiz)
- 1 tutam vanilya tozu
- 150 ml süt (%3,5 yağ)
- 400 ml taze demlenmiş kahve

hazırlık adımları

1. Hurmaları 2 yemek kaşığı su ve vanilya ile iyice püre haline getirin. (Miktarın az olması nedeniyle, bu en iyi, el blenderinin üst kısmından biraz daha büyük çapa sahip bir bardakta bir el blenderi ile çalışır.)

2. Hurma püresinin yarısını küçük bir süzgeçten geçirerek bardağa koyun ve taze demlenmiş kahveyi bardağa dökün. Hurma püresinin geri kalanıyla aynı şeyi yapın.

3. Sütü küçük bir süt sürahisinde ısıtın ve bir süt köpürtücü ile köpürene kadar çırpın. Kahveli karameli üzerine yayın ve hemen servis yapın.

11. Sütlü kahve

içindekiler

- 250 ml kahve
- 250 ml süt (%1,5 yağ)

hazırlık adımları

1. Mini quirl ile kahveyi kaynatın, sütü ısıtın ve köpürtün. Kahveyi 4 bardağa bölün, sütü dökün ve bir kaşıkla köpüğün üzerine koyun.

12. Kakuleli kahve

içindekiler

- 200 ml tam yağlı süt
- 1 kakule kabuğu
- 1 kakao tozu
- 400 ml taze demlenmiş kahve
- Tadımlık şeker

hazırlık adımları

2. Sütü preslenmiş kakule kapsülü ve kakao ile ısıtın ve yaklaşık 10 dakika bekletin. Bir süzgeçten geçirin ve kahvenin yarısını fincanlara paylaştırın. Kalanını süt köpürtücü ile karıştırıp kahvenin üzerine dökün.

3. Tatmak için servis yapın ve tatlandırın.

13. Soğuk espresso

içindekiler
- 40 ml espresso
- 4. buz küpleri
- 60 ml yoğunlaştırılmış süt (%7,5 yağ)

hazırlık adımları
1. Espressoyu paketin üzerindeki talimatlara göre hazırlayın. Bunu hemen yaklaşık 30 dakika soğuğa koyun.
2. Bir bardağa buz küpleri koyun ve üzerine soğuk espressoyu dökün.
3. Yoğunlaştırılmış sütü bir kaşık kullanarak bardağa yavaşça dökün ve hemen servis yapın.

14. Buz gibi mocha ve naneli shake

içindekiler

- 600 ml sert espresso
- 150 gr şeker
- süslemek için naneli çikolata
- tatmak için nane çikolata şurubu

hazırlık adımları

1. Şekeri sıcak espressoda eritin. Kahveyi soğumaya bırakın, ardından dondurucuya koyun ve yaklaşık 2-3 saat kuvvetlice karıştırın. Her 20 dakikada bir. Sıvının neredeyse tamamı buz kristallerinden oluşuyorsa, el blenderi veya blender ile bir kez püre haline getirin.

2. Nane çikolata şurubu ile tatlandırın. Granitayı 4 cam bardağa doldurun ve naneli çikolata ile süsleyerek servis yapın.

15. Kremalı Rum kahvesi

içindekiler

- 25 gr iri çekilmiş kahve (4 çay kaşığı)
- 150 ml çırpılmış krema
- Daha fazla tatmak için 4 parça kesme şeker
- 160 ml kahverengi rom
- serpmek için çikolata talaşı

hazırlık adımları

1. 600 ml suyu kaynatın, kahve tozunu önceden ısıtılmış bir sürahiye dökün ve suyla doldurun. 5 dakika demlenmesine izin verin.

2. Kremayı köpürene kadar çırpın. Bardakları sıcak suyla durulayın, 4 cl rom ile 1-2 küp şeker ekleyin, kahveyi çok ince gözenekli bir süzgeçten geçirin ve her birinin üzerine biraz krema koyun. Çikolata talaşı serperek servis yapın.

16. Şeker Kahve Tarifi

Şeker Kahve Tarifinin Malzemeleri:

- 20 gr çikolata şurubu
- 20 gr yoğunlaştırılmış süt
- 150ml taze demlenmiş Santa Clara kahvesi

Her şeyi karıştırın ve tadını çıkarın!

17. Bavyera Kahve Kreması

Bavyera Kahve Kreması İçin Malzemeler

- 1 yemek kaşığı hazır kahve
- 1 su bardağı kırılmış buz
- 1 yemek kaşığı kakao tozu (veya Chocolatto) ☐ $\frac{1}{2}$ su bardağı süt
- 25 ml tatlandırılmamış jelatin 1 çorba kaşığı ılık suda eritilir.
- 4 yumurta sarısı
- 1 yemek kaşığı şeker
- 1 fincan kremalı çay

Bavyera Kahve Kreması Tarifi Nasıl Yapılır?

1. Bir karıştırıcıya kahve, jelatin, süt koyun ve her şey eriyene kadar çırpın.
2. Kakao/çikolata, şeker ekleyin, tekrar çırpın.
3. Son olarak krema, yumurta sarısı ve kırılmış buzu ekleyin. Tekrar dokunun. Bardaklara koyun ve 2 saat buzdolabında bekletin. Çilek ile servis yapın.

18. Dondurmalı Buzlu Kahve

İçindekiler
- 1 adet yanmış hindistan cevizi
- 200 ml sütlü buzlu kahve 3 kalp.

Hazırlık Modu
1. Kahveyi yanmış hindistancevizi dondurmasıyla bir karıştırıcıda karıştırın.
2. Bir bardak milkshake koyun ve hemen servis yapın.

19. Hindistan cevizi ve karamelli buzlu kahve

İçindekiler

- 1 çay kaşığı Çözünür Pimpernel
- 50 ml sıcak su
- 100 ml hindistan cevizi sütü
- 50 ml süt
- 50 ml hindistan cevizi suyu
- 1 tatlı kaşığı şeker (hindistan cevizi şekeri de olabilir)
- karamel şurubu
- krem şanti

Hazırlık

1. 50 ml sıcak su ile hazır kahve hazırlayın. Soğumasını bekleyin. Hindistan cevizi suyuyla birlikte bir buz küpü tepsisine koyun ve soğumaya bırakın.
2. Buz kıvamına gelince süt, hindistan cevizi sütü ve şekerle birlikte blenderdan geçirin. Bardağa alıp üzerini krem şanti ve karamel sos ile kaplayın.

20. Vanilya ve Tuzlu Cappuccino Shot

İçindekiler

- 1 top kaliteli vanilyalı dondurma (çok büyük)
- 2 yemek kaşığı Cappuccino Classic 3 Hearts
- 1 çay kaşığı pembe Himalaya tuzu (üzerine serpmek için $\frac{1}{2}$ yemek kaşığı ayırın)

Hazırlık

1. Dondurmayı, kapuçinoyu ve yarım kaşık tuzu blenderdan geçirin.
2. Kadehlere koyun ve 2 saat dondurun. Servis yaparken üzerine kalan tuzu serpin.

KEK TARİFLERİ

21. Hindistan Cevizli Kahveli Kek

İçindekiler:

- 1 Adet Kek İçin Hazır Karışım Kutusu
- 3 yumurta
- 1/3 su bardağı bitkisel yağ
- 60 ml demlenmiş kahve
- 200 gr rendelenmiş hindistan cevizi
  1 su bardağı kavrulmuş badem
- $\frac{1}{4}$ çay kaşığı badem özü
- 1 kutu yoğunlaştırılmış süt
- çikolata kaplama

Hazırlık:

1. Fırını önceden 180 C'ye ısıtın. Hazır kek, yumurta, kahve ve bitkisel yağ karışımını bir kaseye koyun ve iyice birleşene kadar karıştırın. Karışımı yağlanmış bir kalıba koyun ve 20 dakika veya ortasına batırdığınız bir kürdan neredeyse temiz çıkana kadar pişirin.

2. Kekler fırında pişerken hindistancevizi, badem, özü ve yoğunlaştırılmış sütü iyice karışana kadar karıştırın. Kekler piştikten sonra fırından çıkarın ve üzerine hindistancevizi karışımını dikkatlice yayın. Formu 15 dakika daha fırına geri koyun.

3. 1 saat soğumaya bırakın ve çikolata sosu ile süsleyin.

22. Şekerlenmiş Meyveli Kek

İçindekiler:

- 1 1/3 su bardağı (çay) 1 su bardağı cachaçaya batırılmış şekerlenmiş kuru meyve
- 2/3 su bardağı esmer şeker
- 7 yemek kaşığı şişelenmiş tereyağı
- 1 su bardağı süt ⬜ 1 çırpılmış yumurta
- 2 $\frac{1}{4}$ su bardağı buğday unu
- 1 kaşık kabartma tozu
- 1 çay kaşığı rendelenmiş zencefil
  1 tatlı kaşığı ve toz tarçın

Hazırlık

1. Kurutulmuş meyveleri, tereyağını, şekeri ve sütü bir tencereye alın. Tereyağı ve şeker eriyene kadar kısık ateşte ısıtın. rezerve. Bir kapta un, maya ve baharatları karıştırın. Ortasına bir delik açın ve kuru meyve karışımını ekleyin. Çırpılmış yumurtayı yerleştirin. Her şeyi silikon bir spatula ile iyice karıştırın.
2. Yağlanmış İngiliz kek kalıbına koyun ve önceden 180 derecede ısıtılmış fırında yaklaşık 50 dakika pişirin.

23. Noel Kahveli Kek

İçindekiler

- 1 su bardağı buğday unu
- 1/2 su bardağı şeker
- 1 su bardağı toz kakao
- 1 tatlı kaşığı kimyasal maya
- 1/2 çay kaşığı kabartma tozu
- 1 çay kaşığı Pimpinela hazır kahve
- 2 çay kaşığı toz tarçın
- 1/4 çay kaşığı karanfil tozu
- 1/2 çay kaşığı toz zencefil
- 1/2 çay kaşığı tuz
- 1/2 su bardağı süt
  1/4 su bardağı bitkisel yağ
- 1 büyük yumurta
- 1/2 çay kaşığı vanilya esansı ⬜ 1 su bardağı çok sıcak su.

Hazırlık

1. Ateşi 180 dereceye ısıtın. Cupcake kaplarını tepsiye yerleştirin.
2. Bir kaba un, şeker, kakao, kabartma tozu, kimyasal maya, karanfil, tarçın, zencefil ve kahveyi koyun. İyice karıştırın ve kenara koyun. Bir karıştırıcıya yağ, yumurta, süt ve vanilyayı koyun. Ayrılmış kuru malzemeleri ekleyin ve iyice karışana kadar orta hızda çırpın. Sıcak suyu ekleyin ve havalanması için 1 dakika daha yüksek devirde çırpın. Hamuru kalıplara eşit şekilde bölün ve 20 dakika veya kürdan batırıp kuru çıkana kadar pişirin.

24. Kahve ve Hindistan Cevizli Manyok Kek

İçindekiler

- Bir mutfak robotunda 3 bardak çiğ manyok (manyok)
- 3 bardak şekerli çay
- 3 yemek kaşığı tereyağı
- $\frac{1}{4}$ fincan Santa Clara kahvesi süzülmüş
- $\frac{1}{4}$ bardak süt
- 3 yumurta akı
- 3 taş
- $\frac{1}{2}$ su bardağı rendelenmiş parmesan peyniri
- 100 gram rendelenmiş hindistan cevizi
- 1 yemek kaşığı kabartma tozu
- 1 tutam tuz

Hazırlık

1. Maniyağı robota koyun, bir bezin içine koyun, iyice sıkın ve sütü atın. Hamuru bir kalıba yayın ve bir kenara koyun. Bir elektrikli karıştırıcıda, şeker ve tereyağını çırpın. Beyazımsı olunca sarıları, rendelenmiş peyniri, kahveyi ve sütü ekleyin. Tüm malzemeler iyice karışana kadar çırpın. Manyok kütlesini ve hindistan cevizini ekleyin. Bir spatula ile karıştırın. Son olarak karda maya ve beyazlar spatula ile karıştırılır. Önceden ısıtılmış 180 derecelik fırında istediğiniz bir yağlanmış tavada yaklaşık 40 dakika veya üzeri kızarana kadar pişirin.

25. Muzlu çikolatalı kahve

içindekiler

- 2 yemek kaşığı limon suyu
- 1 yemek kaşığı şeker
- 1 tutam vanilya posası
- 1 muz
- 2 yemek kaşığı çikolata şurubu
- 400 ml taze demlenmiş sıcak kahve
- 150 ml süt
- üzerine serpmek için kakao tozu Hazırlama adımları

1. Limon suyunu şeker, vanilya ve 100 ml su ile bir tencerede kaynatın. Muzu soyun ve doğrayın. Tencereye dökün, 1-2 dakika pişirin ve ocaktan alın. Biraz soğumaya bırakın, sonra 4 bardağa doldurun.

2. Şurubu kahve ile karıştırın ve 2 yemek kaşığı hariç muzların üzerine dikkatlice dökün. Kalan kahveyi sütle ısıtın ve köpürene kadar karıştırın. Kahvenin üzerine dökün ve biraz kakao serperek servis yapın.

26. Kahveli Kek Tarifi

İçindekiler

- $\frac{3}{4}$ su bardağı toz çikolata
- 1 $\frac{1}{2}$ su bardağı şeker
- 1 çay kaşığı tuz
- 1 $\frac{1}{2}$ su bardağı un
- $\frac{1}{4}$ fincan süzülmüş Pimpernel kahvesi
- 1 çay kaşığı Pimpinella hazır kahve
- 1 su bardağı damla çikolata
- 4 çırpılmış yumurta
- 1 yemek kaşığı vanilya
- $\frac{1}{2}$ su bardağı bitkisel yağ
- kıyılmış fındık
- doğranmış cam çilek

hazırlık

1. Fırını 160 dereceye ısıtın
2. Büyük bir kapta, tüm kuru malzemeleri iyice karıştırın.
3. Sıvı malzemeleri ve çırpılmış yumurta ve damla çikolatayı ekleyin.
4. Büyük bir kek kalıbını (20x20cm) parşömen kağıdı ile yağlayın.
5. 160 derecede 30 dakika veya ortam ayarlanana kadar pişirin
6. Servis yapmadan önce soğutun.

27. Kahveli karamelize incirli kek

içindekiler

- 60 gr tam şeker kamışı
- 3 yemek kaşığı toz şeker (incirleri serpmek için)
- 10 adet organik incir (taze)
- 4 adet köy yumurtası (sarısı ve beyazı ayrılmış)
- 2 yemek kaşığı hazır kahve
- 90 gr tam buğday unu
- 1 çay kaşığı kabartma tozu hazırlanışı

1. Kahveli karamelize incirli kek için incirleri yıkayın uzunlamasına ortadan ikiye kesin üzerine toz şeker serpin ve meyveleri düz tarafı alta gelecek şekilde tepsinin dibine dizin.
2. Bir kasede, yumurta sarılarını şeker kamışı ile köpürene kadar çırpın. Unu kahve ve kabartma tozu ile ayrı ayrı karıştırın ve her şeyi yavaş yavaş yumurta karışımına ekleyin.
3. Son olarak yumurta aklarını kar haline getirin ve hamurla karıştırın. Karışımı gevşetmek için birkaç yemek kaşığı karı karıştırın ve ardından kalan karı dairesel hareketlerle hamurun içine katlamak için kauçuk bir spatula kullanın.
4. Karışımı tavadaki incirlerin üzerine dökün ve 25-30 dakika pişirin. Çıkarttığınızda içine batırdığınız kürdanda artık hamur kalmadığında kek hazır demektir.
5. Bitmiş karamelize incirli keki kahve ile fırından çıkarın ve hemen ters çevirin (aksi takdirde karamel tavaya yapışır!). Sulu bir tatlı.

28. Mocha Muffinleri

içindekiler

- 3 adet yumurta
- 180 ml bitkisel yağ
- 120 ml sert kahve (soğutulmuş)
- 1 çay kaşığı vanilya posası
- 240 ml ayran
- 210 gr un
- 170 gr tam buğday unu
- 25 gr kakao tozu
- 210 gr esmer şeker
- 1/2 çay kaşığı kabartma tozu
- 1 çay kaşığı kabartma tozu
- 1/2 çay kaşığı tuz
- 100 gr balina veya pekan cevizi (doğranmış)
- 170 gr damla çikolata hazırlanışı

1. Mocha muffinleri için fırını 190 dereceye ısıtın ve kağıt kalıpları muffin tepsisine yerleştirin.
2. Yumurta, ayran, yağ, kahve ve vanilya posasını bir kapta karıştırın.
3. İkinci bir kapta un, kakao, şeker, kabartma tozu, kabartma tozu ve tuzu birleştirin. Daha sonra fındık ve damla çikolatayı ekleyin.
4. Bir spatula kullanarak, nemli malzemeleri un karışımına dikkatlice katlayın.
5. Hamuru kağıt kalıplara dökün ve mocha muffinleri yaklaşık 20-25 dakika pişirin. Muffinleri yemeden önce soğumaya bırakın.

29. Sade kahveli kek

içindekiler

- 150 gr tereyağ (eritilmiş)
- 200 gr şeker
- 1 yumurta
- 250 ml kahve (siyah)
- 400 gr un (yumuşak)
- 1 paket kabartma tozu
- 1 paket vanilya şekeri
- biraz limon kabuğu (tadına göre) hazırlanışı

1. Geniş bir kapta, ısıtılmış tereyağı, şeker ve yumurtayı köpürene kadar karıştırın. Daha sonra kabartma tozu, vanilya şekeri, limon kabuğu rendesi ve kahve ile karıştırılmış unu ilave edin.

2. Hamuru yağlanmış bir tepsiye veya pişirme kağıdı serili bir tepsiye (dilediğiniz gibi kutu, paket kek veya kek kalıbı veya fırın tepsisi) dökün.

3. yakl. 175 °C'de (konveksiyonlu fırında) en az 45 dakika, ardından kontrol edip gerekirse 10 dakika daha pişirin.

30. Tiramisu keki

içindekiler
- 1 bardak likör (veya tatlandırılmış kahve / süt, ıslatmak için)

tartletler için:
- 200 gr un
- 1 çay kaşığı kabartma tozu
- 1/2 çay kaşığı tuz
- 2 yumurta
- 60 ml kahve (siyah)
- 1 şişe rom aroması (yaklaşık 2 ml)
- 100 gr şeker

Mascarpone kreması için:
- 2 yumurta (ayrılmış)
- 5 yemek kaşığı şeker
- 1 paket vanilya şekeri
- 300 gr mascarpone hazırlanışı

1. Tartletler için fırını 180 ° C'ye ısıtın ve bir muffin kalıbını kağıt kutularla doldurun.
2. Yumurtaları ayırın ve yumurta sarılarını kahve, rom aroması ve 50 gr şekerle iyice karıştırın. Yumurta aklarını sertleşene kadar çırpın ve kalan şekerle karıştırın.
3. Un, kabartma tozu ve tuzu bir kapta güzelce karıştırın. Bu un, tuz ve kabartma tozu karışımını yumurta sarısı ve kahve karışımına yavaşça karıştırın. Yumurta aklarını katlayın.
4. Hamuru kalıplara dökün ve yaklaşık 20-25 dakika pişirin.
5. Kreması için yumurta sarılarını şekerle çırpın ve köpürene kadar çırpın. Yumurta aklarını kar haline getirin. Mascarpone'u yumurtalı karışıma ilave edin ve yumurta aklarını ekleyin. Yaklaşık 1 saat buzdolabına koyun!
6. Kekleri fırından çıkarın, liköre (veya şekerli kahveye) batırın ve bir tel ızgara üzerinde soğumaya bırakın.
7. Kremayı buzdolabından çıkarın ve soğuyan kekleri bununla süsleyin.

31. Fıstıklı Börek

Kurabiye için malzemeler:

- 2 su bardağı elenmiş buğday unu
- 1 yemek kaşığı kabartma tozu
- $\frac{1}{2}$ su bardağı tuzsuz kavrulmuş fıstık
- $\frac{1}{2}$ su bardağı şeker
- 5 yemek kaşığı tereyağı
- 1 çırpılmış yumurta
- $\frac{1}{2}$ fincan Ekstra Sert Kahve 3 Kalp
- $\frac{1}{4}$ bardak süt

Kapsam için:

- $\frac{1}{4}$ su bardağı elenmiş buğday unu
- 1 yemek kaşığı tereyağı
- $\frac{1}{4}$ bardak tuzsuz kavrulmuş fıstık
- 1 çay kaşığı Çözünür kahve 3 Kupa
- 1 $\frac{1}{2}$ yemek kaşığı esmer şeker

Hazırlık

1. Bir kapta un, maya, fıstık ve şekeri karıştırın. Tereyağını ekleyin ve bir çatal yardımı ile kuru malzemelerin karışmasını sağlayın.

2. Başka bir kapta yumurtayı çırpın ve sütü ve kahveyi ekleyin. Bu karışımı kuru malzemelere azar azar ekleyin. Hamuru kalıplara dağıtın ve üstünü hazırlayın. Un ve tereyağını tanecikli bir kıvam alana kadar karıştırın. Yer fıstığını, kahveyi ve şekeri ekleyin ve bir spatula ile hafifçe karıştırın. Bu malzemeyi köftelerin üzerine serpiştirin. Önceden 200 derecede ısıtılmış fırında 20-25 dakika pişirin.

32. İrlanda Kahveli Kekler

içindekiler

- 1 çay kaşığı kahve
- 400 gr ayran
- 130 gr un (yumuşak)
- 130 gr un (kullanışlı)
- 1 paket kabartma tozu
- 1 tutam kabartma tozu
- 80 gr ceviz (kıyılmış)
- 130 gr şeker (esmer)
- 1 yumurta
- 70 ml bitkisel yağ
- 40 ml viski
- 12 kağıt pişirme kabı hazırlığı
1. Kahveyi ayranda eritin.
2. İkinci bir kapta un, kabartma tozu, kabartma tozu ve kıyılmış fındıkları karıştırın.
3. Daha sonra çırpılmış yumurta, şeker, sıvı yağ ve viskiyi ayran karışımına ekleyin.
4. Ardından unlu karışımı ekleyin.
5. Kağıt pişirme kalıplarını muffin tepsisine yerleştirin ve hamuru doldurun (hamurun üzerine yarım ceviz de koyabilirsiniz).
6. Muffinleri önceden ısıtılmış fırına (160°C, fanlı fırın) yaklaşık 20 dakika yerleştirin.

33. Kahveli Muzlu Kek

İçindekiler

- 4 büyük, çok olgun cüce muz
- 1 su bardağı (çay) galeta unu
- 1 su bardağı (çay) şeker
- 4 yumurta
- 3/4 su bardağı ayçiçeği veya mısır yağı
- 100 gr kıyılmış Brezilya fıstığı
- 1 yemek kaşığı 3 Gurme Kahve
- 1 kaşık (tatlı) kimyasal maya

Hazırlık

1. Bir karıştırıcıda muzları yumurta ve yağ ile çırpın. Unu, şekeri ve kahveyi sürekli karıştırarak ekleyin.
2. Kestane ve mayayı yavaşça karıştırarak ekleyin. Yağlanmış bir kalıpta 180°C'deki fırında yaklaşık 40 dakika pişirin.

34. Kahveli Dondurmalı Kek
Üç Espresso

İçindekiler
- 1 fincan (kahve) sert demlenmiş kahve
- Kolomb Dilimleri ($\frac{1}{2}$ kolomba)
- yeteri kadar dondurma
- 1 kapsül TRES Supreme Espresso Kahve (veya en sevdiğin)
- 150 gram eritmek için yarı tatlı çikolata
- 2 yemek kaşığı ekşi krema

Hazırlama Yöntemi
1. Bir kek kalıbını plastik sargıyla kaplayın. Bir kat dondurma koyun.
2. Colomba dilimlerini ekleyin. Süzülmüş kahve ile gezdirin. Dondurmayı, ardından Colomba'yı ekleyin ve tencerenin sonuna kadar kahve ile art arda sulandırın. 1 saat dondurucuya koyun.
3. Eritilmiş çikolata, espresso ve kremayı ekleyerek ganajı yapın. Servis yapmadan önce pastayı ganajla kaplayın.

35. Pandispanya

içindekiler

- 1/2 lt süt
- 15 gr vanilyalı puding tozu
- 1 yumurta sarısı
- 5 gün şeker
- 12 günlük Rama
- 12 gün Koketta
- 2 adet kedi parmakları
- Kahve (bir tutam romla karıştırılmış soğuk) hazırlama

1. Pandispanya için süt, vanilyalı puding tozu, yumurta sarısı ve şekeri sürekli karıştırarak kaynatın.
2. Rama ve Koketta'yı karıştırma camına koyun ve kaynamış ve hala sıcak olan karışımı hemen karıştırma camına ekleyin. En yüksek seviyede 2 dakika karıştırın. Şimdi karışımı buzdolabında 12 saat dinlendirin.
3. Kremayı el mikseri ile çırpın.
4. Sünger parmakları kahve-rom karışımına batırın ve dönüşümlü olarak krem şanti ile kek kalıbına dizin.
5. Pandispanyayı dilediğiniz gibi krem şanti ve çileklerle süsleyin.

36. Hazır Kahveli Muffin

İçindekiler

- 4 yumurta sarısı
- 4 yumurta akı
- 3 $\frac{1}{2}$ yemek kaşığı şeker
- 2 $\frac{1}{2}$ yemek kaşığı mısır nişastası
- 1 kaşık (tatlı) Çözünebilir Kahve 3 Kalpler Geleneksel
- 4 yemek kaşığı rendelenmiş hindistan cevizi
- 4 yemek kaşığı granül çikolata

Hazırlama Yöntemi

1. Yumurta sarılarını şekerle beyaz olana kadar çırpın.
2. Yavaş yavaş mısır nişastası, hazır kahve, çikolata ve hindistancevizi ekleyin.
3. Elektrikli karıştırıcıdan çıkarın ve yumurta aklarını yavaşça yerleştirin.
4. Yağlanmış ayrı kalıplarda 180°C'de 30 dakika pişirin. Kavurduktan sonra üzerine pudra şekeri serpin.

37. Sütlü Kahveli Kek

İçindekiler

- 1 Kapsül TRES Sütlü Kahve
- 3 yumurta
- 4 adet çok olgun muz
- 2 su bardağı yulaf ezmesi
- 1 su bardağı doğranmış kayısı
- 1/2 su bardağı kıyılmış ceviz
- 1/2 su bardağı kuru üzüm
- 1/2 su bardağı kıyılmış siyah erik
- 1 yemek kaşığı maya

Bileşen

1. Bir kapta yulaf, ceviz, kayısı, kuru üzüm ve erikleri karıştırın.
2. Bir karıştırıcıda yumurtaları muzla çırpın. Sütlü kahveyi ekleyin.
3. Mayayı kuru malzemelerle birlikte kaseye koyun ve iyice karıştırın.
4. Çırpılmış muzları yumurtalarla ekleyin, iyice karıştırın ve her şeyi yağlanmış bir İngiliz kek kalıbına koyun ve önceden ısıtılmış fırında (180°C) kızarana kadar pişirin. Dilerseniz üzerine pudra şekeri veya tarçın serpebilirsiniz.

38. Espresso Kahveli Kabak Pastası

İçindekiler
- 320 gr şeker
- 300 gr buğday unu
- 100 gr badem unu
- $\frac{1}{2}$ çay kaşığı kabartma tozu
- 1 $\frac{1}{2}$ yemek kaşığı toz maya
- 500 gr rendelenmiş kabak
- 3 yumurta
- $\frac{1}{2}$ yemek kaşığı vanilya özü
- 2 çay kaşığı toz tarçın
- $\frac{1}{2}$ çay kaşığı hindistan cevizi
- 1 çay kaşığı rendelenmiş zencefil

$\frac{1}{2}$ çay kaşığı tuz

200 ml kanola veya mısır yağı
- 50 ml Espresso Ameno TRES
- 150 gr pudra şekeri
- 150 gr normal şeker

Hazırlık

1. Mikserde yağ, şeker, yumurta ve vanilyayı ekleyin. Karışım beyazımsı olana kadar (yaklaşık 10 dakika) yüksek hızda çırpın.
2. Bu arada bir kapta un, tarçın, hindistan cevizi, zencefil, tuz ve kabartma tozunu karıştırın. İyice karıştırın. İçeriği miksere ekleyin. 15 dakika veya pürüzsüz olana kadar çırpın.
3. Mikserin dışında, kabağı ve mayayı iyice ama nazikçe karıştırarak ekleyin. Her şeyi tereyağı ve unla yağlanmış çıkarılabilir bir alt tepsiye yerleştirin. 190°C'deki fırında yaklaşık 50 dakika pişirin.
4. İki şekeri bir kapta birleştirin ve soğumuş olan hafif espresso kahveyi koyun. Bir buzlanma oluşturana kadar iyice karıştırın.
5. Hala sıcakken bitmiş pastanın üzerine yerleştirin. Bir kaşık çırpılmış krema ile servis yapın.

39. Fıstık Ezmesi ve Kahveli Kek

İçindekiler

- 250 gr eritilmiş bitter çikolata
- 1 yemek kaşığı Santa Clara hazır kahve
- 1 yemek kaşığı sıvı yağ
- 3 yumurta
- 1 su bardağı şeker
- $\frac{3}{4}$ su bardağı iyi elenmiş buğday unu
- 1 çay kaşığı vanilya özü
- $\frac{1}{2}$ su bardağı fıstık ezmesi
- 1 yemek kaşığı sıvı yağ
- 2 yemek kaşığı şeker
  1 bu
  1 yemek kaşığı buğday unu

Hazırlık

1. Bir kasede eritilmiş çikolatayı ve hazır kahveyi tereyağlı hamurla karıştırın. Yumurta, şeker, vanilya özü ekleyin ve iyice karıştırın.
2. Son olarak buğday ununu da ekleyerek iyice karıştırın. rezerve.
3. Fıstık ezmesini tereyağı, yumurta, şeker ve un ile karıştırın. Çok pürüzsüz bir macun olduğundan emin olun.
4. Yağlanmış bir kalıba, çikolatayı yer fıstığı ile karıştırarak hamuru hamura kaşıklayın.
5. Mermer efekti için bir kaşık veya çatalla bir rafı diğerine çekin. Önceden ısıtılmış fırında (180°C) 25 ila 30 dakika pişirin.

40. Fındıklı espresso kremalı peynirli kek

içindekiler

Fındık kabuğu için:

- 300 gr iç fındık
- 60 gr tereyağı
- 100 gr şeker
- 1 yemek kaşığı sıvı bal ☐ İçi için:
- 500 gr ricotta (kremalı)
- 200 gr krem peynir (çift krema ayarı)
- 2 yemek kaşığı un
- 2 yumurta (M)
- 125 gr şeker
- 1 paket vanilya şekeri
  1 çay kaşığı toz tarçın
  60 ml espresso (soğutulmuş) hazırlama

1. Fındıklı espresso kremalı peynirli kekin fındık kabuğu için, fırını 200°'ye ısıtın (konveksiyon 180°). Fındıkları bir fırın tepsisine koyun ve fırında (ortada) 6-10 dakika kabukları çatlayıp siyaha dönene kadar kavurun. Çıkarın, bir mutfak havlusunun üzerine koyun ve kabuğunu bununla ovun. Fırını 180°'ye getirin (konveksiyon 160°).

2. Tepsinin altını ve kenarını parşömen kağıdı ile hizalayın. Fındık tanelerini yaklaşık 30 dakika soğumaya bırakın.

3. 2 yemek kaşığı cevizi kabaca doğrayın ve kenara alın.

4. Tereyağını eritin, şeker ve bal ile karıştırın ve biraz soğumaya bırakın. Kalan fındıkları yıldırım kıyıcıda ince bir şekilde öğütün ve tereyağlı karışıma karıştırın. Fındıklı karışımı kalıba dökün ve bir kaşık yardımıyla tabanına ve kenarlarına yayın. Daha sonra kalıbı karışımla soğutun.

5. Dolgu için ricotta ve krem peyniri el mikseri ile pürüzsüz olana kadar karıştırın.

   Unu ilave edin, ardından karışım pürüzsüz olana kadar yavaş yavaş yumurtaları ilave edin. Şeker, vanilya şekeri, tarçın tozu ve espressoyu karıştırın.

6. Dolguyu hamur tabanına yayın. Fırında (ortada) 35-40 dakika pişirin. Tava ortasına dokunduğunuzda hafifçe "titrediğinde" kek hazırdır. Pastayı çıkarın ve bir tel ızgara üzerinde birkaç saat soğumaya bırakın.

7. Fındıklı espresso krem peynirli keki servis yapmadan önce kalıptan çıkarın ve kenarda duran fındıkları üzerine serpin.

41. Çikolatalı hecelenmiş kek

içindekiler

Hamur:

- 300 gr kavuzlu un
- 200 gr badem (öğütülmüş)
- 150 gram şeker
- 1/2 pk kabartma tozu
- 4 adet yumurta
- 1 fincan kahve (soğuk)

Kuvertür:

- 180 gr tereyağı
- 150 gr bitter çikolata
- 1 tutam tuz hazırlanışı

1. Kavuzlu çikolatalı kek için kavuzsuz un, öğütülmüş badem, şeker ve kabartma tozunu kuru olarak karıştırın. Ardından yumurtaları ve soğuk kahveyi çırpın, kalan malzemelerle karıştırın ve hafif cıvık olan hamuru bir fırın tepsisine yayın. 200 ° C'de yaklaşık 20 dakika pişirin.
2. Kavuzlu çikolatalı keki soğumaya bırakın ve koyu renkli kuvertürle kaplayın.
3. Bolca sevgi serpin.

42. Yoğurtlu Kek

içindekiler

- 4 adet yumurta
- 300-400 gr un
- 1 kase yoğurt
- 200-300 gr pudra şekeri
- 100 - 200 gr tereyağı (mümkünse küp doğranmış)
- Reçel (sürmek için)
- 1 tutam tuz (deniz tuzu yok yoksa çok tuzlu)
- 1 paket kabartma tozu
- 1 paket vanilya şekeri hazırlanışı

1. Yoğurtlu kek için yumurtaları ayırın ve yumurta aklarını kar haline getirin (bir tutam tuzu unutmayın). Tereyağını eritin.
2. Eritilmiş tereyağı, pudra şekeri, vanilya şekeri ve kabartma tozunu yumurta sarılarına ekleyin ve karıştırın.
3. Dönüşümlü olarak çırpılmış yumurta aklarını, unu ve bir kavanoz yoğurdu gevşek ve nazikçe ekleyin.
4. Seçtiğiniz bir fırın tepsisine biraz tereyağı ve un serpin (kek piştikten sonra kolayca çıkarılabilir). Hamur karışımını kalıba dökün ve 200 - 220 ° C'de pişirin.
5. Pişip soğuduktan sonra yoğurtlu keki ortadan ikiye kesin ve üzerine reçel sürün.

43. Çiçek gücü haşhaşlı kek

içindekiler

25 cm kek kalıbı için:

- 6 yumurta
- 200 gr gri tohum (rendelenmiş)
- 100 gr badem (rendelenmiş)
- 50 gr çikolata (rendelenmiş)
- 80 gr şeker kamışı
- 250 gr tereyağı (yumuşak)
- 1 yemek kaşığı vanilya şekeri
- 1 bilgisayar. Portakal (sadece kabuğu)
- 1/2 limon (sadece kabuğu)
- 1 tutam Sonnentor sihirli tuzu (ince)
- Siyah frenk üzümü meyve ezmesi (veya benzeri)

Sır:

- 250 gr pudra şekeri
- 2 yemek kaşığı su
- 2 yemek kaşığı limon suyu
- Çiçek gücü baharat çiçeği karışımı

hazırlık

1. Flower Power haşhaşlı kek için yumurtaları sarılarına ayırın ve haşhaş tohumlarını badem ve çikolata ile karıştırın.
2. Tereyağını pudra şekeri, bir tutam tuz, vanilya şekeri, portakal ve limon kabuğu ile köpürene kadar karıştırın. Yavaş yavaş sarıları ekleyin ve köpürene kadar iyice karıştırın.
3. Yumurta beyazı ile ham şeker kamışını krema kıvamındaki kar üzerinde çırpın ve haşhaş tohumu, badem ve çikolata karışımı ile dönüşümlü olarak tereyağlı karışıma yedirin.

4. Karışımı yağlanmış, unlanmış kelepçeli kalıba dökün, 160°C'de yaklaşık 10 dakika pişirin. 50 dakika soğuduktan sonra kalıptan çıkarın ve bir tabağa ters çevirin.

5. Sürülen meyveyi püre haline getirin, süzgeçten geçirin, ısıtın ve kekin üstüne ve çevresine ince bir şekilde yayın.

6. Sır için, malzemeleri pürüzsüz, kalın bir kütle halinde karıştırın. Çiçek gücü baharat çiçeklerini karıştırın ve pastayı sırlayın.

44. vişneli kek

içindekiler

hamur için:

- 200 gr tereyağı
- 200 gr pudra şekeri
- 200 gr un
- 40 gr mısır nişastası
- 5 yumurta
- 1 paket vanilya şekeri

Sac levha için:

- 400 gr kiraz

hazırlık

1. Kirazları yıkayın, süzün ve çekirdeklerini çıkarın.
2. Fırını 180 ° C sıcak havaya önceden ısıtın. Tepsiyi pişirme kağıdı ile hizalayın.
3. Yumurtaları ayırın ve yumurta aklarını kar haline getirin. Bunu yapmak için yumurta akını beyaza dönene kadar çırpın ve ardından şeker miktarının yarısını ekleyin.
4. Tereyağı, kalan şeker, yumurta sarısı ve vanilya şekerini köpürene kadar karıştırın.
5. Un ve mısır nişastasını vişneli kekte delik kalmayacak şekilde birlikte eleyin.
6. Yumurta-şeker-kar dönüşümlü olarak un karışımı ile yumurta sarısı kütlesine karıştırılır.
7. Hamuru pişirme kağıdına yayın ve vişnelerle kaplayın.
8. Vişneli keki yaklaşık 15-20 dakika pişirin, soğumaya bırakın, istenirse şeker ekleyin ve istediğiniz büyüklükte parçalar halinde kesin.

45. Stevialı çikolatalı portakallı kek

içindekiler

- 4 adet. mal sahibi
- 30 gr agav suyu
- 20 gr ekşi krema
- 4 çay kaşığı stevia granülleri
- 1 1/2 çay kaşığı toz tarçın
- 1 çay kaşığı burbon vanilya tozu
- 1 tutam karanfil tozu
- 2 yemek kaşığı rom
- 1 bilgisayar. Portakal (suyu ve kabuğu rendesi)
- 90 gr hindistan cevizi sütü
- 3 yemek kaşığı süt (veya soya sütü)
- 90 gr kavuzlu tam buğday unu
- 35 gr badem (öğütülmüş)
- 2 yemek kaşığı kakao
- 10 gr tam tahıllı kırıntılar (galeta unu)
- 1 paket tartar kabartma tozu hazırlanışı

1. Çikolatalı ve portakallı kek için yumurtaları ayırın ve yumurta akını kenara ayırın.
2. Sarısı (yumurta sarısı), agave şurubu, krema, stevia, tarçın, vanilya, karanfil, rom ve portakal kabuğunu pürüzsüz olana kadar karıştırın.
3. Hindistan cevizi sütü, süt ve portakal suyunu bir kapta karıştırıp ekleyin.
4. Bunu yaparken, kütle çok sıvı olduğu için blenderi düşük bir seviyeye ayarlayın.
5. Un, badem, kakao, galeta unu (galeta unu) ve kabartma tozunu birlikte karıştırın.
6. Kütle ile karıştırın.
7. Çırpılmış yumurta aklarını ekleyin, kalıba doldurun ve önceden ısıtılmış 180°C fırında 40-45 dakika pişirin.

46. Rom kremalı kabak çekirdeği keki

içindekiler

Kabak çekirdekli kek için:

- 8 adet Yumurta sarısı
- 200 gr toz şeker
- 8 gr galeta unu
- 200 gr kabak çekirdeği (öğütülmüş)
- 1 paket vanilya şekeri
- 2 yemek kaşığı rom
- 8 adet yumurta akı
- Tereyağı ve un (tava için)

Rom kreması için:

- 200 ml çırpılmış krema
- 4 cl yumurta likörü
- 1 shot rom
- 1 çay kaşığı vanilya şekeri hazırlanışı

1. Kabak çekirdeği keki için yumurta sarısını toz şekerin 1/3'ü, bir tutam tuz ve vanilya şekeri ile iyice köpürene kadar çırpın.
2. İnce öğütülmüş Styrian kabak çekirdeği, un, rom ve galeta unu ve unu dönüşümlü olarak kalan şekerle birlikte sertleşene kadar çırpılan yumurta akı ile karıştırın.
3. Orta boy kek kalıbının tabanına yağlı kağıt serin, kenarlarını yağlayın ve un serpin.
4. Kek karışımını içine dökün ve 170°C'de yaklaşık 40 dakika hafif kızarana kadar pişirin.
5. Rom kreması için krem şantiyi yarı köpük olana kadar çırpın, yumurta likörü, rom ve 1 tatlı kaşığı vanilya şekerini hafifçe karıştırın ve kek parçalarının üzerine birer kaşık dökün.

47. Kahve-fındık-çikolatalı kekler

içindekiler

- 280 gr.
- 210 gr şeker
- 3 yumurta
- 2 paket vanilya şekeri
- 150 gr tereyağ (eritilmiş)
- 50 ml Süt
- 150 ml Kahve (kalt)
- 1 paket vanilya (özü)
- 4 yemek kaşığı fındık (rendelenmiş)
- 2 yemek kaşığı sütlü çikolata (rendelenmiş)

hazırlanışı

1. Kahveli, fındıklı ve çikolatalı muffin için fırını 150 derecede ısıtın. Muffin kalıbını tereyağ ile yağlayın ve un serpin. Veya küçük muffin kağıt kutularını sıralayın.
2. Şeker, vanilya şekeri, bir vanilya podu ve 4 yumurtayı köpürene kadar karıştırın. Un, kabartma tozu, fındık ve çikolatayı birlikte karıştırın.
3. Tereyağını eritin ve karıştırın. Süt ve kahveyi karıştırın. Son olarak yumurta ve şeker karışımını ekleyin.
4. Kahveli-fındıklı çikolatalı muffinler fırında 180 derecede 25-30 dakika pişiyor.

48. Hızlı cevizli kahveli kek

içindekiler

- 4 yumurta
- 1 tutam tuz
- 100 gr ceviz (ince rendelenmiş)
- 1 paket buzlu kahve tozu (20 gr)
- 2 yemek kaşığı pudra şekeri
- 1 shot kiraz romu
- 1 su bardağı krem şanti hazırlanışı

1. Hızlı fındıklı kahveli kek için önce yumurtaları ayırın. Yumurta aklarını bir tutam ile çırpın
   sertleşene kadar tuz. Yumurta sarılarını ve pudra şekerini köpürene kadar çırpın.
2. Buzlu kahve tozunu, rendelenmiş fındıkları ve vişne romunu yumurta sarısı karışımına ekleyin. Yumurta aklarını ekleyin ve karışımı yağlanmış ve unlanmış küçük bir kelepçeli kalıba (çap 20 cm) yayın.
3. Krem şanti ve iri rendelenmiş cevizle servis yapın. yakl. 170 °C

49. Fındıklı kek

içindekiler

- 200 gr tereyağı
- 250 gram şeker
- 1 paket vanilya şekeri
- 5 yumurta sarısı
- 1 tutam tarçın
- 180 gr fındık (rendelenmiş veya ceviz)
- 120 gr un (kullanışlı)
- 3 çay kaşığı kabartma tozu
- 5 adet yumurta akı
- 100 gr çikolata (ince kıyılmış) hazırlanışı

1. Fındıklı kek için tereyağını köpürene kadar çırpın ve yavaş yavaş şeker, vanilya şekeri, yumurta sarısı, tarçın, fındık ve kabartma tozu ile karıştırılmış unu ekleyin.
2. Yumurta aklarını sert kar haline getirin. Kıyılmış çikolatayı karın altına kaldırın ve bu kütleyi hamurun içine katlayın. Karışımı iyice yağlanmış, ufalanmış bir forma koyun.
3. 180 ° C'de sıcak hava ile yaklaşık 45 dakika pişirin. Çıkarmadan önce kapalı fırında 5 dakika bekletin.
4. Soğumaya bırakın ve şekerle kaplayın.

50. Nutella lor peynirli kek

içindekiler
- 5 yumurta
- 300 gr un
- 100 gr şeker
- 250 gr lor peyniri
- 200 gr tereyağı (yumuşak)
- 200 gr Nutella
- 100 gr çikolata (eritmek için)
- 1 yemek kaşığı Nutella (eritmek için)
- 200 gr çikolata

hazırlık
1. Bir tepsiyi yağlayın ve şeker serpin.
2. Yumurtaları ayırın, yumurta sarılarını şekerle köpürene kadar çırpın, yumurta aklarını sert bir kar elde edene kadar çırpın.
3. Nutella'yı tereyağı ve çikolata ile eritin ve lor peyniri ve elenmiş un ile birlikte yumurta sarısı ve şeker kütlesine karıştırın, yumurta aklarını ekleyin, Gugelhupf tavasına doldurun ve 160 ° C'de yaklaşık 45 dakika pişirin.
4. Ters çevirmeden önce Gugelhupf'u 5 dakika dinlendirin.
5. Gugelhupf dinlenirken kalan çikolatayı ve Nutella'yı eritin.
6. Ilık Nutella lor peyniri Gugelhupf'u sıvı çikolata ile süsleyin ve ideal olarak ılıkken servis yapın.

VEJETARYEN

51. Kahve ve Muz Shake

İçindekiler

- 400 ml kahve (sıcak, sert)
- 2 yemek kaşığı şeker
- 2 muz (büyük parçalar)
- 1/2 vanilya baklası (posa)
- 2 yemek kaşığı badem taneleri (ince öğütülmüş)
- 2 çay kaşığı akçaağaç şurubu
- 6 buz küpü
- Hindistan cevizi gevreği (süslemek için) Hazırlanışı

1. Kahve-muzlu shake için önce kahveyi şekerle eriyene kadar karıştırın. Buzdolabında en az 30 dakika soğutun.
2. El mikserinde kahve, muz, vanilya, badem çekirdekleri ve şurubu püre haline getirin. Buz küplerini ekleyin ve kabaca parçalanana kadar karıştırın.
3. Kahve-muz karışımını iki uzun içecek bardağına doldurun ve hindistan cevizi pullarıyla süsleyin.

52. Kahveli karamelize incirli kek

İçindekiler

- 60 gr tam şeker kamışı
- 3 yemek kaşığı toz şeker (incirleri serpmek için)
- 10 adet organik incir (taze)
- 4 adet köy yumurtası (sarısı ve beyazı ayrılmış)
- 2 yemek kaşığı hazır kahve
- 90 gr tam buğday unu
- 1 çay kaşığı kabartma tozu

Hazırlık

1. Kahveli karamelize incirli kek için incirleri yıkayın uzunlamasına ortadan ikiye kesin üzerine toz şeker serpin ve meyveleri düz tarafı alta gelecek şekilde tepsinin dibine dizin.
2. Bir kasede, yumurta sarılarını şeker kamışı ile köpürene kadar çırpın. Unu kahve ve kabartma tozu ile ayrı ayrı karıştırın ve her şeyi yavaş yavaş yumurta karışımına ekleyin.
3. Son olarak yumurta aklarını kar haline getirin ve hamurla karıştırın. Karışımı gevşetmek için birkaç yemek kaşığı karı karıştırın ve ardından kalan karı dairesel hareketlerle hamurun içine katlamak için kauçuk bir spatula kullanın.
4. Karışımı tavadaki incirlerin üzerine dökün ve 25-30 dakika pişirin. Çıkarttığınızda içine batırdığınız kürdanda artık hamur kalmadığında kek hazır demektir.
5. Bitmiş karamelize incirli keki kahve ile fırından çıkarın ve hemen ters çevirin (aksi takdirde karamel tavaya yapışır!). Sulu bir tatlı.

53. Kahve özlü avokado

İçindekiler

- 2 adet avokado
- 2 yemek kaşığı Farin şekeri
- 1 shot konyak
- Kahve özü
- Küçük hindistan cevizi, rendelenmiş)

Hazırlık

1. Kahve özlü avokado için avokadoları soyun ve hamur, şeker ve konyak yapmak için bir karıştırıcı kullanın.
2. Bunu 4 kaseye bölün, üzerine bir tutam kahve özü dökün ve mus ile hindistan cevizi serpin.

54. Kahve soslu cantuccini pudingi

İçindekiler

- 100 gr kantuccini
- 50 gr amaretto
- 85 gr tereyağı (yumuşak)
- 35 gr şeker
- 3 yumurta)
- 35 gr şeker
- 1 çay kaşığı tereyağı (yumuşak)
- 2 yemek kaşığı şeker
- Sosu için:
- 250 ml çırpılmış krema
- 50 gram şeker
- 2 yemek kaşığı hazır kahve tozu
- 1 adet yumurta sarısı

Hazırlık

1. Kahve soslu cantuccini pudingi için cantuccini ve amarettiyi bıçakla çok ince doğrayın. Tereyağını şekerle köpürene kadar karıştırın. Yumurtaları ayırın, yumurta sarısını kıyılmış cantuccini amaretti ile köpük karışımına karıştırın ve yumurta akını sertleşene kadar çırpın. 35 g şeker serpin, karışım güzelce parıldayana kadar çırpmaya devam edin ve köpük karışımına katlayın.

2. Kalıpları yağlayıp şeker serpin, karışımı dökün, kalıpları derin tepsiye yerleştirin, tepsiyi yaklaşık 3/4 yüksekliğe kadar sıcak su ile doldurun ve pudingi fırında haşlayın. Krem şanti ve şekeri kaynatın, 15 dakika kısık ateşte bekletin, süzün.

3. Kahve tozunu ve yumurta sarısını çırpın, sıcak çırpılmış kremaya karıştırın, tekrar kaynama noktasına getirin ama daha fazla kaynatmayın, soğumaya bırakın. Servis etmek için pudingi bir tabağa alıp üzerine kahve sosunu dökün, üzerine kahve soslu cantuccini pudingi ve isterseniz pudra şekeri serpip kahve çekirdekleri ve kremalı kalplerle süsleyin.

55. Kahve ile yumurta beyazı kreması

İçindekiler

- 30 gr yumurta akı (pastörize, 1 yumurta beyazına denk gelir)
- 200 gr pudra şekeri (ince elenmiş, gerekirse biraz daha fazla)
- 30 ml rom
- 1 çay kaşığı toz kahve (10 ml suda eritilmiş)

Hazırlık

1. Yumurta akını şekerle birlikte bir kaba alın ve karışım sert ve köpürene kadar çırpın.
2. Çözünmüş kahve tozunu ve romu karıştırın.
3. Yumurta akı sırını uygulamadan önce biraz ısıtın. Muhtemelen içinde 10 gr daha hindistancevizi yağı eritin.

56. Dalgona kahvesi

İçindekiler

- 8 çay kaşığı hazır kahve
- 8 çay kaşığı şeker
- 8 çay kaşığı su (sıcak)
- 100 ml süt
- Kakao tozu

Hazırlık

1. Bir kapta instant kahve, şeker ve sıcak suyu bir çırpma teli ile karıştırın.
2. 3-4 dakika kremsi bir kıvam alana kadar çırpın.
3. Kırılmış buz küplerini bir bardağa koyun, üzerine sütü dökün.
4. Kremalı kahve kütlesini sütün üzerine dökün, kafasına biraz kakao tozu serpin.
5. Bir kez karıştırın ve tadını çıkarın.

57. Muzlu kahve

İçindekiler

- 2 muz (olgun)
- 1 fışkırtma limon suyu
- 2 çay kaşığı akçaağaç şurubu
- 1/2 çay kaşığı tarçın
- 4 espresso (çift kişilik)

Hazırlık

1. Muzlu kahve için önce muzları soyup ezin. Limon suyu, akçaağaç şurubu ve tarçın ile karıştırın. Muzları ısıya dayanıklı 4 küçük bardağa bölün.

2. Espressiyi hazırlayın ve muz karışımının her birine bir çift espresso ekleyin (gerekirse önceden tatlandırmak için tatlandırın).

3. Muzlu kahveyi bir tutam tarçın serperek servis edin.

58. İçinizi ısıtacak kahve

İçindekiler

- 500 ml kahve (sıcak, sert)
- 1 yıldız anason
- 5 kakule baklası (yeşil)
- 75 gr şeker kamışı (esmer)
- 80 ml rom
- Krem şanti

Hazırlık

1. İçinizi ısıtacak kahve için önce kakule çekirdeklerini havanda sıkın ki çekirdekleri ayrılsın. Bu, sadece kapsülleri açıp tohumları çekerek manuel olarak da yapılabilir. Kaseleri de kullanın, çok fazla aroma içerirler.
2. Taze demlenmiş kahveye yıldız anasonu ve kakuleyi ekleyin ve 20 dakika demlenmesini bekleyin. Gerilmek.
3. Şekerle tatlandırın ve eriyene kadar karıştırın.
4. Sonra tekrar kaynatın, ocaktan alın ve romu ekleyin.
5. Daha sıcak kahveyi davlumbazla servis edin.

59. Kahve ve haşhaş tohumlu dondurma marine edilmiş kirazlar

İçindekiler

- 1 bilgisayar. Kahveli dondurma
- 1 adet haşhaşlı dondurma Kirazlar için:
- 200 gr kiraz (çekirdekleri çıkarılmış)
- 100 ml Zweigelt
- 50 gr balzamik sirke
- 1 vanilya çubuğu (yulaf lapası)
- 1 çubuk tarçın Süslemek için:
- 1 bar(lar) çikolata
- 100 ml çırpılmış krema

Hazırlık

1. Kırmızı şarabı şeker, vanilya posası, tarçın ve sirke ile kaynatın. Ardından kirazları içine atıp tekrar kısa süre kaynatıp ocaktan alın ve kirazları sıvı içinde soğumaya bırakın.
2. Çikolatayı rende ile büyük şeritler halinde rendeleyin, krem şantiyi sertleşene kadar çırpın.
3. Kirazları tatlı kaselerine paylaştırın, üzerine dondurmayı dizin ve üzerini krema ve çikolata ile süsleyin.

60. Vistula çikolatalı kahveli dondurma marine edilmiş meyveler

İçindekiler

- 1 parça ekşi dondurma
- 1 parça çikolatalı dondurma
- 1 bilgisayar. Kahveli dondurma
- 1 yemek kaşığı kaju fıstığı

çilek için:

- 100 gr çilek (karışık, örneğin yaban mersini, böğürtlen, kuş üzümü, çilek, ahududu)
- 4 yemek kaşığı mürver çiçeği şurubu
- 1 çay kaşığı limon suyu
- 10 nane yaprağı

Hazırlık

1. Çilekleri şurup, nane ve ince şeritler halinde kesilmiş limon suyuyla tatlandırın.
2. Kaju fıstığını kabaca doğrayın.
3. Dondurmayı bir kaseye yerleştirin ve çilek, kıyılmış fındık ve taze nane ile süsleyin.

61. Kış kakule ve tarçınlı latte

İçindekiler

- 1 kutu hindistancevizi sütü (alternatif olarak vegan çırpılmış krema)
- 6 kakule bakla
- 2 çubuk (lar) tarçın
- 160 ml kahve
- 100 ml badem sütü (veya yulaf sütü)
- Tarçın (öğütülmüş, serpmek için)

Hazırlık

1. Kışlık kakule-tarçınlı latte için önce hindistan cevizi sütünü bir gece buzdolabına koyun.
2. Ertesi gün hindistan cevizi sütünü buzdolabından çıkarın, sertleşmiş hindistan cevizi kremasını kutudan çıkarın ve dikkatlice sıvıya karıştırmadan soğutulmuş bir kaseye dökün. El mikseri ile krema kıvamına gelene kadar karıştırın.
3. Kakule kabuklarını ve tarçın çubuklarını büyük bir bardağa koyun ve taze demlenmiş kahveyi üzerlerine dökün.
4. Sütü ocakta kısık ateşte ısıtın.
5. Kakule kapsüllerini ve tarçını süzün, kahveyi iki fincana bölün ve ardından sıcak sütle karıştırın.
6. Bardakların her birine 2 ila 3 yemek kaşığı hindistancevizi kreması dökün ve tarçınlı kış kakule-tarçınlı latte serpin.

62. Stevia ile Kahve Rüyası

İçindekiler

- 120 gr soya kreması
- 250 g QuimiQ naturel (1 paket, alternatif olarak 180 gr Ko için Rama Cremefine)
- 1 yemek kaşığı pirinç şurubu
- 2 çay kaşığı stevia granülleri
- 2 yemek kaşığı viski (veya brendi veya rom)
- 1/4 çay kaşığı burbon vanilya tozu
- 1 su bardağı küçük espresso (1/2 çay kaşığı stevia granülleri ile tatlandırılmış)

Dekorasyon için:
- Çikolatalı Kahve Çekirdekleri

Hazırlık

1. Kahve rüyası için soya çırpılmış krema ve soğuk. Ardından QuimiQ, pirinç şurubu, stevia, viski ve vanilyayı köpürene kadar çırpın. Daha sonra kahveyi ekleyin ve blender ile düşük seviyede iyice karıştırın.
2. Çırpılmış soya krem şanti ile karıştırın, kalıplara doldurun ve 1-2 saat buzdolabında bekletin.
3. Biraz soya çırpılmış krema ve çikolatalı kahve çekirdeği ile süsleyin.
4. Coffee Dream'i tatlandırmak için tarçın serpin.

63. Paskalya yumurtası kapuçino

İçindekiler

- 1 çikolata yumurtası (boş, büyük)
- 1 espresso (çift kişilik)
- 125 ml süt
- 1 shot yumurta likörü
- Damla çikolata (isteğe bağlı)

Hazırlık

1. Paskalya yumurtası likörü kapuçino için, önce yumurtayı alüminyum folyonun yarısına kadar sarın. Üstteki kapağı dikkatlice ayırın. Yumurtayı uygun bir bardağa (tercihen kapuçino bardağı) koyun.
2. Duble espressoyu yeni hazırlayın. Servis yapmadan hemen önce, sütü sert bir süt köpüğü haline getirin. Şimdi hızlıca önce espressoyu, ardından süt köpüğü ile biraz sütü ve yumurta likörünü çikolatalı yumurtaya dökün.
3. Paskalya yumurtası likörü cappuccino'yu istediğiniz gibi çikolata parçacıklarıyla süsleyin.

64. Kahve köşeleri

İçindekiler

- 170 gr tereyağı
- 80 gr ince toz şeker
- 1 yumurta sarısı (veya 1 yumurta akı)
- 10 gr vanilya şekeri
- 1 tutam tuz
- 250 gr buğday unu (düz)
- Kahve kreması (doldurmak için)
- Muhtemelen biraz fondan (süslemek için)
- Kayısı veya frenk üzümü reçeli (fırçalamak için)
- Muhtemelen çikolata sosu

Hazırlık

1. Tüm malzemeleri hızlı bir şekilde hamur haline getirin, sadece gerekirse kısa bir süre buzdolabına koyun.
2. Hamuru yaklaşık bir kalınlığa kadar açın. 2 mm açın ve fanlı kesici ile bisküvileri kesin. Ayrıca daireleri kesip bıçakla 4 dörde bölebilirsiniz.
3. Ortaya çıkan yelpaze şeklindeki dilimleri hazırlanmış bir fırın tepsisine yerleştirin ve 165 ° C'de yaklaşık 12-15 dakika pişirin.
4. Soğuyunca 2 bölmeyi buttercream ile bir araya getirin, kapağı reçelle kaplayın, fondanla sırlayın ve soğuyunca sprey sırla süsleyin.
5. Belki biraz çikolatalı kahve çekirdekleri veya gümüş incilerle süsleyebilirsiniz.

65. Bir çubuk üzerinde kahveli dondurma

Bileşen

- 480 ml kahve (kalıpların büyüklüğüne göre)
- biraz şeker (gerekirse)

Hazırlık

1. Çubuk dondurma için önce kahveyi her zamanki gibi hazırlayın. İstenirse şekerle tatlandırın ve şekerin tamamen eridiğinden emin olun. Biraz soğumaya bırakın.
2. Kahveyi popsicle kalıplarına dökün. Birkaç saat dondurun.
3. Çubuktaki dondurmayı çıkarmadan önce, dondurmanın daha kolay erimesi için kalıpları kısa bir süre ılık suyun altında tutun.

67. Kapuçino yer mantarı

İçindekiler

- 100 gr bitter çikolata
- 150 gr mocha çikolata
- 60 ml kahve (Türk kahvesi)
- 65ml çırpılmış krema
- $\frac{1}{2}$ yemek kaşığı tereyağı (yumuşak)
- 1 tutam şeker (ince kristal)

Hazırlık

2. Cappuccino yer mantarı için çikolatayı küçük parçalara ayırın ve buharda eritin.
3. Eritilmiş çikolatayı oda sıcaklığındaki tereyağı, kahve ve krem şanti ile karıştırın.
4. Biraz soğumaya bırakın.
5. Kütle soğuduğunda, ondan küçük parçalar ayırın ve pralin topları haline getirin. Arada elinizi ıslatırsanız çok daha kolay oluyor.
6. Cappuccino yer mantarlarını isterseniz şekere, hindistancevizi setine, kıyılmış fındıklara veya kıyılmış antep fıstığına bulayın ve güzel pralin kalıplarına yerleştirin.

68. Sade kahveli kek

İçindekiler

- 150 gr tereyağ (eritilmiş)
- 200 gr şeker
- 1 yumurta
- 250 ml kahve (siyah)
- 400 gr un (yumuşak)
- 1 paket kabartma tozu
- 1 paket vanilya şekeri
- biraz limon kabuğu (tatmak için) Hazırlanışı

1. Geniş bir kapta, ısıtılmış tereyağı, şeker ve yumurtayı köpürene kadar karıştırın. Daha sonra kabartma tozu, vanilya şekeri, limon kabuğu rendesi ve kahve ile karıştırılmış unu ilave edin.

2. Hamuru yağlanmış bir tepsiye veya pişirme kağıdı serili bir tepsiye (dilediğiniz gibi kutu, paket kek veya kek kalıbı veya fırın tepsisi) dökün.

3. yakl. 175 °C'de (konveksiyonlu fırında) en az 45 dakika, ardından kontrol edip gerekirse 10 dakika daha pişirin.

69. Buzlu kahve

İçindekiler
- 1 lt krem şanti
- 1 bilgisayar. vanilya kabuğu
- 200 gr moka kahvesi (çok yakılmış ve rendelenmiş)
- 8 adet Yumurta sarısı
- 400 gr pudra şekeri
- Krem şanti (ve süslemek için içi boş çubuklar)

Hazırlık
1. Buzlu kahve için önce krem şantiyi vanilya ile kaynatın ve taze rendelenmiş moka kahvesi ile karıştırın. Bu karışım 20 dakika dinlendirildikten sonra yumurta sarıları pudra şekeri ile köpürene kadar çırpılır ve süzülmüş kahve-krema karışımı ile en kısık ateşte karıştırılır.
2. Ortaya çıkan kütle iyice soğutulur ve donduktan sonra, buzlu kahveyi üstü çırpılmış ve içi boş çubuklarla uzun bardaklarda servis edin.

70. Muzlu çikolatalı kahve

içindekiler

- 2 yemek kaşığı limon suyu
- 1 yemek kaşığı şeker
- 1 tutam vanilya posası
- 1 muz
- 2 yemek kaşığı çikolata şurubu
- 400 ml taze demlenmiş sıcak kahve
- 150 ml süt
- üzerine serpmek için kakao tozu Hazırlama adımları

1. Limon suyunu şeker, vanilya ve 100 ml su ile bir tencerede kaynatın. Muzu soyun ve doğrayın. Tencereye dökün, 1-2 dakika pişirin ve ocaktan alın. Biraz soğumaya bırakın, sonra 4 bardağa doldurun.

2. Şurubu kahve ile karıştırın ve 2 yemek kaşığı hariç muzların üzerine dikkatlice dökün. Kalan kahveyi sütle ısıtın ve köpürene kadar karıştırın. Kahvenin üzerine dökün ve biraz kakao serperek servis yapın.

71. İrlanda Kahvesi

İçindekiler

- 100 ml İrlanda viskisi
- 4 fincan sıcak kahve
- 3 yemek kaşığı esmer şeker
- 100 gr çırpılmış krema
- garnitür hazırlanması için ham şeker

1. Kahve, viski ve şekeri karıştırarak iyice ısıtın ve şekeri eritin, ardından önceden ısıtılmış cam bardaklara dökün.
2. Kremayı hafifçe çırpın ve biraz esmer şeker serperek kahvenin üzerine kap olarak servis yapın.

72. Kahve ve cevizli kanepeler

İçindekiler

- 150 gr un
- 50 gr kakao tozu (yağdan biraz arındırılmış)
- 50 gr fındık (öğütülmüş)
- 1 çay kaşığı Kabartma tozu
- tuz
- 2 yumurta (M boy)
- 150 gram şeker
- 2 çay kaşığı kahve (çözünür, yaklaşık 10 g)
- 6 yemek kaşığı kolza tohumu birası
- Pudra şekeri (üzerine sürmek için)

Hazırlık

1. Kahve ve fındık lokmaları için önce fırını 180°C'ye ısıtın. İki fırın tepsisine parşömen kağıdı serin. Un, kakao tozu, çekilmiş fındık, kabartma tozu ve bir tutam tuzu bir kapta karıştırın.
2. Geniş bir kapta yumurta, şeker, hazır kahve ve kolza tohumu yağını el mikseri ile köpürene kadar çırpın. Kuru malzemeleri bir seferde bir çorba kaşığı ekleyin ve bir hamur oluşturmak için her şeyi hızlıca karıştırın.
3. Hamurdan bir çay kaşığı ile ceviz büyüklüğünde parçalar alıp ikinci bir çay kaşığı ile biraz boşluk bırakarak fırın tepsisine dizin.
4. Kahve oluğu fırında ısırır (ortada). Plaka başına 12-13 dakika pişirin. Çıkarın, pişirme kağıdıyla birlikte fırın tepsisinden çıkarın ve bir tel ızgara üzerinde soğumaya bırakın. Pudra şekeri ile toz.

73. Nutella ahududu tiramisu

İçindekiler

- 250 gr ahududu
- 250 ml çırpılmış krema
- 3 yumurta (taze)
- 500 gr mascarpone
- 24 kedi dili
- 250 ml kahve (sert)
- 350 gr Nutella
- Kakao tozu (üzerine serpmek için)
- Ahududu (süsleme için) Hazırlanışı

1. Kahve yapın ve biraz soğumaya bırakın.
2. Ahududuları yıkayıp püre haline getirin.
3. Krem şantiyi bir kapta köpürene kadar çırpın, başka bir kapta yumurtaları köpürene kadar çırpın. Çırpılmış krema ve mascarpone ekleyin, dikkatlice karıştırın.
4. Sünger parmakları kahveye batırın ve bir tabağın (örneğin güveç tabağı) altını kapatın. Kalan kahveyi Nutella ile karıştırın.
5. Bisküvilerin üzerine mascarpone kremasını yayın ve üzerine Nutella kremasını ve ahududu püresini dökün. Tüm malzemeler bitene kadar bu sırayla devam edin (mascarpone kreması ile bitirin).
6. Tiramisu'yu en az 2 saat soğutun.
7. Servis yapmadan önce kakao tozu serpin ve ahududu ile süsleyin.

74. Lor muzlu tiramisu

İçindekiler

- 250 ml kahve (sert)
- 1 shot rom (isteğe bağlı)
- 200 ml çırpılmış krema
- 250 gr lor peyniri
- 400 gr mascarpone
- 50 gr pudra şekeri (veya istediğiniz kadar)
- 4 muz
- 200 gr kedi dili
- Kakao tozu (üzerine serpmek için) hazırlanışı

1. Kahveyi kaynatın, biraz soğumaya bırakın ve bir tutam romla karıştırın.
2. Bir kapta, krem şantiyi sertleşene kadar çırpın. Süzme peynir, macarpone ve pudra şekerini karıştırın. Muzları soyup dilimleyin.
3. Kedi dillerini kahve ve rom karışımına batırın ve bir fırın tepsisine dizin. Bir kat mascarpone kreması ile kaplayın, üzerini muz dilimleri ve kedi dili ile süsleyin. Tüm malzemeler bitene kadar boyutlandırmaya devam edin (bir kat mascarpone kremi ile bitirin).
4. En az 2 saat soğutun ve servis yapmadan önce üzerine kakao tozu serpin.

75. Kahve ve Hindistan Cevizli Manyok Kek

İçindekiler

- Bir mutfak robotunda 3 bardak çiğ manyok (manyok)
- 3 bardak şekerli çay
- 3 yemek kaşığı tereyağı
- $\frac{1}{4}$ fincan Santa Clara kahvesi süzülmüş
- $\frac{1}{4}$ bardak süt
- 3 yumurta akı
- 3 taş
- $\frac{1}{2}$ su bardağı rendelenmiş parmesan peyniri
- 100 gram rendelenmiş hindistan cevizi
- 1 yemek kaşığı kabartma tozu
- 1 tutam tuz

Hazırlık

1. Maniyağı robota koyun, bir bezin içine koyun, iyice sıkın ve sütü atın. Hamuru bir kalıba yayın ve bir kenara koyun. Bir elektrikli karıştırıcıda, şeker ve tereyağını çırpın. Beyazımsı olunca sarıları, rendelenmiş peyniri, kahveyi ve sütü ekleyin. Tüm malzemeler iyice karışana kadar çırpın. Manyok kütlesini ve hindistan cevizini ekleyin. Bir spatula ile karıştırın. Son olarak karda maya ve beyazlar spatula ile karıştırılır. Önceden ısıtılmış 180 derecelik fırında istediğiniz bir yağlanmış tavada yaklaşık 40 dakika veya üzeri kızarana kadar pişirin.

76. Kahve Dükkanı

İçindekiler

- 4 adet yumurta akı (120 gr)
- 1 paket gofret (40 mm çapında)
- 4 yemek kaşığı moka
- 200 gr pudra şekeri (pudra şekeri)

Hazırlık

2. Kahve parçaları için yumurtaları ayırın. Yumurta akı, şeker ve mokayı karıştırın ve su banyosunda iyice çırpın. Su banyosundan çıkarın ve kütle soğuyana kadar çırpmaya devam edin.

3. Gofretleri pişirme kağıdıyla kaplı bir fırın tepsisine yerleştirin ve karışımı küçük porsiyonlar halinde bir deri dolgu çuvalı kullanarak gofretlere uygulayın. Kütlenin etrafında gofretin küçük bir kenarını bırakın - çörekler pişirme sırasında yine de parçalanacaktır. Eğer evinizde gofret yoksa Busserl'i doğrudan pişirme kağıdına uygulayabilirsiniz.

4. Kahve çekirdeklerini yaklaşık 150°C'de yaklaşık 30 dakika pişirin.

77. Espresso ve çam fıstığı waffle'ları

İçindekiler

- 50 gr çam fıstığı
- 2 çay kaşığı espresso çekirdeği
- 125 gr tereyağı (yumuşak)
- 100 gr şeker
- 1 paket bourbon vanilya şekeri
- 3 yumurta (M boy)
- 250 gr buğday unu
- 1 çay kaşığı kabartma tozu
- 75 gr krem şanti
- 1/8 espresso (taze demlenmiş, soğutulmuş)
- 1 tutam tuz
- Yağ (Waffle demiri için)

Hazırlık

1. Espresso çam fıstığı waffle'ları için çam fıstığını bir tavada altın rengi alana kadar kavurun ve biraz soğumaya bırakın. Espresso çekirdeklerini keskin bir bıçakla ince ince doğrayın.

2. Tereyağı, 50 gr şeker ve vanilya şekerini köpürene kadar çırpın. Yumurtaları ayırın. Yumurta sarısını tereyağı ve şeker kremasına karıştırın. Un, kabartma tozu ve çam fıstığını karıştırın ve dönüşümlü olarak çırpılmış krema, espresso ve espresso çekirdekleri ile karıştırın.

3. Yumurta aklarını tuz ve kalan şekerle kalın ve kremsi olana kadar çırpın ve katlayın.

4. Waffle demirini önceden ısıtın, pişirme yüzeylerini ince bir şekilde yağlayın. Alt pişirme yüzeyinin ortasına yaklaşık 2 yemek kaşığı hamur koyun ve gözleme demirini kapatın. Waffle'ı yakl. Çıtır ve açık kahverengi olana kadar 2 dakika.

5. Espresso ve fıstıklı gofretleri çıkarın, bir tel ızgaranın üzerine koyun ve kalan hamurları aynı şekilde işlemeye devam edin.

78. Kahve Fincanları Kurabiyeleri

İçindekiler

- 50 gr tereyağı
- 150 gr un
- 2 yemek kaşığı kakao
- 1 tutam kabartma tozu
- 50 gr pudra şekeri
- 1 tutam tuz
- 1 adet yumurta
- 2 yemek kaşığı kahve (sert)

Hazırlık

1. Kahve fincanı bisküvi için tereyağını küçük parçalar halinde kesin. Un, kabartma tozu ve kakaoyu eleyin. Tüm malzemeleri tuz ve pudra şekeri ile karıştırın, yumurtayı çırpın ve kahveyi ekleyin ve pürüzsüz bir hamur elde edinceye kadar hızlıca yoğurun. Buzdolabında yaklaşık 1 saat dinlendirelim.

2. Hamuru unlu bir yüzeyde açın ve piyasada bulunan bir kupa kurabiye kalıbı ile kalpleri kesin ve pişirme kağıdıyla kaplı bir fırın tepsisine yerleştirin.

3. Kahve fincanı bisküvileri önceden 180 ° C'ye ısıtılmış fırında yaklaşık 10 dakika pişirin.

79. Cappuccino mermer jöleli kek

İçindekiler

- 125 gr tereyağı
- 150 gram şeker
- 4 yumurta
- 1 paket vanilya şekeri
- 1 tutam tuz
- 250 gr un (yumuşak)
- 1/2 pk kabartma tozu
- 2 yemek kaşığı süt
- 4 yemek kaşığı kapuçino tozu
- Pudra şekeri (üzerine sürmek için) Hazırlanışı

1. Cappuccino mermer ugelhupf için önce tereyağını köpürene kadar çırpın. Şekerin yarısını yumurta sarısı ve vanilya şekeri ile ayrı ayrı köpürene kadar karıştırın. Her iki kütleyi karıştırın.
2. Unu kabartma tozu ile eleyin. Yumurta aklarını kalan şekerle bir fiske tuzla katılaşana kadar çırpın. Her ikisini dönüşümlü olarak dikkatlice karıştırın.
3. Hamurun yarısını ikinci bir kaba aktarın. Cappuccino tozunu sütle hiç topak kalmayana kadar karıştırın. Hamurun yarısını karıştırın.
4. Bir tepsiyi yağlayın ve unlayın (veya ekmek kırıntıları serpin). Önce ışığı, sonra koyu kütleyi dökün ve bir ebru oluşturmak için bir çubukla içinden geçirin.
5. 150°C önceden ısıtılmış fırında yaklaşık 50 dakika pişirin.
6. Cappuccino mermer jöleli pastayı kapatın ve pudra şekeri serpin.

80. Bardakta Avokado Kahvesi

İçindekiler

- 4 avokado (küçük, olgun)
- 4 yemek kaşığı badem sütü (tatlı)
- 4 çay kaşığı chia tohumu
- 1 tutam toz tarçın
- 200 gr yoğurt (%10 yağlı)
- 600 ml kahve

Hazırlık

1. Avokadoları ikiye bölün, taşı çıkarın ve posayı deriden çıkarın.
2. Badem sütü ve chia tohumu ile püre haline getirin ve tarçınla tatlandırın.
3. Avokadolu karışımı 4 kulplu bardağa paylaştırın. Üzerine yoğurdu koyun ve taze demlenmiş kahveyi (tercihen tam otomatik makineden) bir kaşığın tersiyle yavaşça dökün.
4. Bir pipet koyun ve servis yapın.

ATIŞTIRMALAR

81. Krema dilimleri

İçindekiler

- 1 yemek kaşığı tereyağı
- 3 yemek kaşığı şeker
- 200 gr çırpılmış üst
- 200 ml süt
- Beyaz ekmek (önceki günden) hazırlanışı

1. 1 yemek kaşığı tereyağı ve 3 yemek kaşığı şekeri bir tavada karamelize edin.
2. Daha sonra üzerine krem şanti ve sütü dökün. Şeker eriyene kadar kaynatın.
3. Ekmeği dilimler halinde kesin ve biraz sade yağda her iki tarafı da kızarana kadar kızartın. Ekmek dilimlerini bir kaseye alın ve üzerlerine süt-şeker karışımını dökün.
4. Bir tabağa sıcak olarak yerleştirin ve kahve veya tatlı şarapla servis yapın (Trockenbeerenauslese).

82. meyveli kek

İçindekiler

- 150 gr tereyağı
- 100 gr pudra şekeri
- 3 yumurta sarısı
- 2 yumurta akı
- 50 gr toz şeker
- 180 gr un (yumuşak)
- 4 gr kabartma tozu
- 100 ml süt
- 100 gr kuru üzüm
- 50 gr limon kabuğu (doğranmış)
- 50 gr aranzini (doğranmış)
- 50 gr pişirme çikolatası (doğranmış)
- Vanilya (veya diğer şekerler)
- Limon kabuğu (rendelenmiş)
- tuz

Hazırlık

1. Tereyağını pudra şekeri, bir tutam tuz, vanilya posası veya şeker ve rendelenmiş limon kabuğu rendesi ile köpürene kadar karıştırın. Yavaş yavaş yumurta sarılarını ekleyin. Kar yapmak için yumurta aklarını toz şekerle çırpın. Tereyağı karışımına katlayın. Unu kabartma tozu ile karıştırın, karışıma karıştırın ve sütü dökün. Kuru üzüm, limon kabuğu rendesi, aranzini ve çikolatayı karıştırın. Karışımı, tereyağı ile kaplanmış ve un serpilmiş bir gugelhupf kalıbına dökün. Önceden ısıtılmış 160°C fırında yaklaşık 55 dakika pişirin.

83. Caipirinha kekleri

İçindekiler

- 300 gr un
- 1 1/2 çay kaşığı kabartma tozu
- 1/2 çay kaşığı kabartma tozu ⬜ 1 No.
- 300 gr yoğurt (doğal)
- 150 gram şeker
- 100 ml yağ
- 4 limon
- 50 ml rom (beyaz veya cachaca)
- 50 gr çikolata (beyaz)
- 1 yemek kaşığı rom (beyaz)
- biraz yağ (şekil için) Hazırlanışı

2. Caipirinha muffinleri için önce unu kabartma tozu ve kabartma tozu ile karıştırın.
3. Fırını 200 ° C'ye önceden ısıtın.
4. Yumurta, yoğurt ve şekeri bir kapta karıştırın. Limonları güzelce yıkayın, kabuğunu rendeleyin ve sıkın.
5. 3 limonun suyunu ve kabuğunu beyaz rom ile karıştırın. Un karışımını ekleyin ve nemli olana kadar karıştırın. 12 muffin kalıbını yağlayın ve harcı dökün. Muffinleri yaklaşık 25-30 dakika pişirin. Yarım kireci daha sıkın ve kabuktan ince şeritler halinde kesin.
6. Çikolatayı parçalara ayırın ve eritin. Suyu ve romu ilave edin ve hala sıcak olan muffinlerin üzerine yayın.

84. Mango Hindistan Cevizi Enerji Topları

İçindekiler

- 100 gr Seeberger Mango (kurutulmuş meyveler)
- 200 gr Seeberger hurması (çekirdekleri çıkarılmış)
- 75 gr Seeberger iz karışımı
- 70 ml su ⬜ 2 yemek kaşığı hindistancevizi gevreği ⬜

Yuvarlamak için:

- 2 yemek kaşığı hindistan cevizi gevreği hazırlanışı

1. Mango Hindistan Cevizi Enerji Topları için suyu kaynatın.
2. Tüm malzemeleri birleştirin ve bir karıştırıcıda iyice karıştırın. İstenilen kıvama göre biraz daha su eklenebilir.
3. Ellerinizi ıslatın ve karışımdan aynı büyüklükte toplar oluşturun.
4. Ardından hindistan cevizine bulayın.
5. Buzdolabında birkaç saat soğutun.

85. Peygamber Çiçeği ve Papatya Lapası

İçindekiler

- 1 elma (küçük)
- 12 yemek kaşığı yulaf ezmesi
- 400 ml süt
- 3 çay kaşığı bal
- 6 çay kaşığı peygamber çiçeği çiçeği (kurutulmuş)
- 2 yemek kaşığı papatya

Hazırlık

1. Elmayı soyun, çekirdeği çıkarın ve rendenin kalın tarafını ovalayın.
2. Rendelenmiş elma, yulaf gevreği ve sütü bir tencereye alın ve yulaf lapası istenilen kıvama gelinceye kadar karıştırarak pişirin.
3. Bal ve peygamber çiçeği çiçeklerini ekleyin ve karıştırın. Kaselere doldurun ve üzerine papatyalar serpin.

86. Kahveli Colomba Pudingi

İçindekiler

- 6 dilim kıyılmış kolomba
- 150 ml su ve 2 yemek kaşığı kahve ile hazırlanmış 150 ml Premium 3 Hearts Kahve
- 100 ml portakal suyu
- 1 yemek kaşığı portakal kabuğu
- 1 yemek kaşığı sıvı yağ
- Tatmak için tarçın tozu
- 1 yemek kaşığı toz şeker, arzuya göre tarçın

Hazırlık

1. Colomba parçalarını bir kaseye koyun. Kahve, tereyağı, portakal suyu ve kabuğu rendesini ekleyin. Son olarak tarçını ekleyin.
2. İyice karıştırın ve her şeyi parşömen kağıdıyla kaplı bir kek kalıbına yerleştirin. Önceden ısıtılmış fırına (180°C) 40 dakika koymadan önce üzerine tarçın serpin.

87. Fıstık Ezmesi ve Espresso Sandviç

İçindekiler

- 1 su bardağı 200 gram fıstık ezmesi
- 1 fincan espresso kahve (veya güçlü süzülmüş)
- 1 bardak kırmızı meyve jölesi
- Dilediğiniz ekmek dilimleri

Hazırlık

1. Fıstık ezmesini kahve ile mutfak robotunda yayın.
2. Bir dilime fıstık ezmesi ve kahveyi, diğer dilime dut reçeli sürerek sandviçi hazırlayın. Dilimleri bir sandviçe ekleyin ve işiniz bitti!

88. Tatlı Süt ve Kahveli Turta

Malzemeler (hamur)
- 200 gram kırılmış mısır nişastalı bisküvi
- 100 gram tereyağı
- $\frac{1}{2}$ fincan sıcak süzülmüş Pimpinela Golden kahvesi
- 1 tatlı kaşığı kimyasal maya

Hazırlık
1. Fırını 180 ° 'de önceden ısıtın.
2. Tereyağını kahvede eritin ve yavaş yavaş maya ile önceden karıştırılmış ezilmiş bisküvi ile birleştirin. Çıkarılabilir bir halka şeklini (20 cm çapında) 1/2 cm yüksekliğe hizalayın. 30 dakika pişirin.
3. Çıkarın ve soğumasını bekleyin.

89. Çikolatalı fıstık barı

Bileşen

- 250 gr çikolata ben sütlü ve bitter çikolatayı karıştırdım
- 400 gram un
- 1 çay kaşığı kabartma tozu
- 250 gram tereyağını kırın
- yulaf ezmesi 300 gram
- 100 gram esmer şeker
- 100 gram tuzlanmış ve kıyılmış fındık, tercihen karışım
- 2 küçük yumurta

krema için

- 80 gram çıtır fıstık ezmesi
- Yoğunlaştırılmış süt 200 ml
- 200 ml süt kızlık tatlı ve kremsi yoğunlaştırılmış süt

Hazırlık

1. İki tür çikolatayı doğrayın - ne çok ince ne de çok kalın. Unu kırılgan bir hamur haline getirmek için kabartma tozu ve tereyağı kullanın. Yulaf ezmesi, kahverengi şeker ve kıyılmış fındık ekleyin ve her şeyi karıştırın.

2. Ekmek kırıntılarının bir kısmını (yaklaşık dörtte biri) doğranmış çikolata ile ikinci bir kaseye koyun. Artık bu karışıma ihtiyacınız yok.

3. Kalan kırıntılara yumurtaları ekleyin, her şeyi karıştırın ve hamuru taban olarak pişirme kağıdıyla kaplı bir fırın tepsisine yerleştirin. Sıkıca aşağı bastırın-Her şeyin düzgün ve pürüzsüz olması için üzerine küçük bir oklava yerleştirin. Hamuru 180 derecede alt üst ayarda yaklaşık 15 dakika pişirin.

4. Yoğunlaştırılmış sütü ve tatlandırılmış yoğunlaştırılmış sütü fıstık ezmesi ile karıştırın. Normal yoğunlaştırılmış sütü hafif dolgun bir süt yardımcısıyla karıştırmak

gerekli olmayabilir. Ancak kıvam ve tat açısından en iyi sonuçlar elde edilmiştir.

5. Fıstık ve süt karışımını yeni pişmiş, hafifçe soğutulmuş bir tabana dökün. Nispeten akıcı! Kalan hamur ve çikolata karışımını kırıntıların üzerine serpiştirin, biraz bastırın ve yaklaşık 20 dakika pişirin. Kaldırmak için doğru zamanı bulmak kolay değildir. Fırından biraz daha hızlı çıkarmak en iyisidir. Çünkü hava soğuyor ve her şey zorlaşıyor. Bir çubuk veya kare şeklinde kesin ve keyfini çıkarın!

90. Kahveli bisküviler

içindekiler

hamur için:

- 160 gr un
- 80 gr pudra şekeri
- 80 gr fındık
- 1 kızı ⬜ 1 yemek kaşığı rom
- 120 gr tereyağı
- 2 yemek kaşığı kahve (sert) Kreması için:
- 80 gr tereyağı (yumuşak)
- 80 gr pudra şekeri ⬜ 2 yemek kaşığı kahve (sert)
- 1 yemek kaşığı rom Üzeri için:
- 70 gr pudra şekeri
- 2 1/2 yemek kaşığı kahve
- 1 damla yağ (hindistan cevizi yağı) hazırlanışı

1. Tüm malzemeleri bir hamur haline getirin ve 1 saat buzdolabında bekletin.
2. Hamuru açın ve daireler kesin ve 175 ° C'de yaklaşık 8 dakika pişirin.
3. Kreması için tereyağı ile şekeri köpürene kadar çırpın ve ardından rom ve kahveyi yavaş yavaş ekleyin.
4. Soğuyan bisküvileri krema ile doldurun.
5. Sır için, sürülebilir bir kütle elde edene kadar her şeyi karıştırın.
6. Kahveli bisküvilerin üzerine krema sürün ve mocha çekirdeği ile süsleyin.

91. Kahve sır

içindekiler

- 250 gr pudra şekeri
- sıcak su
- azaltılmış kahve
- 1 yemek kaşığı süt hazırlanışı

1. Kahve sır için, kahveyi kaynatın ve koyu bir kütle oluşana kadar bir tencerede yavaşça azaltın. Bu, sırlara güzel moka kahvesi rengini verir.

2. Şimdi suyu ve kahveyi elenmiş pudra şekerine pürüzsüz, sıvı bir karışım oluşana kadar yavaşça karıştırın. Son olarak sütü kahve sırına karıştırın.

92. Kahve Busserl

içindekiler

- 4 adet yumurta akı (120 gr)
- 1 paket waffle (40 mm çapında)
- 4 yemek kaşığı moka
- 200 gr pudra şekeri (pudra şekeri) hazırlanışı

1. Kahve cipsleri için yumurtaları ayırın. Yumurta akı, şeker ve mokayı karıştırın ve su banyosunda iyice çırpın. Su banyosundan çıkarın ve karışım soğuyana kadar çırpmaya devam edin.

2. Waffle'ları parşömenle kaplı bir fırın tepsisine yerleştirin ve karışımı küçük porsiyonlar halinde bir deri doldurma torbası kullanarak waffle'lara uygulayın. Kütlenin etrafında küçük bir waffle kenarı bırakın - çörekler pişirme sırasında yine de çıkacaktır. Eğer evinizde waffle yoksa Busserl'i doğrudan pişirme kağıdına uygulayabilirsiniz.

3. Kahve çekirdeklerini yakl. 150 °C yakl. 30 dakika.

93. Mocha Kurabiyeleri

içindekiler

Moka Hamuru:

- 125 gr tereyağı ☐ 90 gr şeker ☐ 1 No.
- 110 gr un
- 60 gr fındık (öğütülmüş)
- 2 yemek kaşığı hazır kahve tozu

Sır:

- 125 gr pudra şekeri
- 2 çay kaşığı hazır kahve tozu
- 3-4 yemek kaşığı su

hazırlık

1. Mocha kurabiyeleri için tereyağı ve şekeri köpürene kadar çırpın, ardından yumurtayı ekleyin.
2. Un ve fındığı karıştırın. Kahveyi biraz suda eritin ve karıştırın. 2 çay kaşığı ile küçük yığınlar halinde fırın tepsisine koyun ve 200°'de 8-10 dakika pişirin.
3. Soğumaya bırakın. Pudra şekerini kahve ve su ile karıştırarak krema haline getirin. Her bisküvinin üzerine birer parça krema koyun ve moka çekirdeği ile süsleyin.

94. Espresso-Browniler

içindekiler

- 500 gr bitter çikolata
- 75 ml espresso (taze pişmiş)
- 300 gr Tereyağı
- 500 gr şeker (esmer)
- 6 yumurta (oda sıcaklığında ve orta boy)
- 250 gr.
- 2 tutam tuz
- 4 yemek kaşığı espresso çekirdeği (bütün)
- Tereyağı (fırın tepsisi için)
- Un (fırın tepsisi için)

hazırlık

1. Espresso kekleri için çikolatayı doğrayın. Espresso, tereyağı ve şekeri kaynatın ve bir kenara koyun. 400 gr çikolatayı ekleyip eritin. Ardından yaklaşık 10 dakika soğumaya bırakın. Fırını önceden 180 ° C'ye ısıtın. Bir fırın tepsisini yağlayın ve un serpin.
2. 1 yumurtayı arka arkaya çikolata karışımına yakl. 1 dakika. Un, tuz ve çikolatanın geri kalanını karıştırın. Hamuru fırın tepsisine yayın ve üzerine espresso çekirdekleri serpin. 160 ° C'de fırında yaklaşık pişirin
3. 25 dakika.
4. Soğumaya bırakın ve espresso keklerini büyük parçalar halinde kesin.

95. Vanilyalı kahve likörü

içindekiler

- 75 gr kahve çekirdekleri
- 175 gr akide şekeri
- 2 vanilya baklası
- 700 ml kahverengi rom (%40 hacim) müstahzarı

1. Kahve likörü için kahve çekirdeklerini buzdolabı poşetine koyup çekiçle ezin ama öğütmeyin.
2. Kaya şekerini ve dilimlenmiş vanilya çubuklarını kaynamış temiz bir şişeye boşaltın. Romu dökün ve şişeyi iyice kapatın.
3. Likörü 1 hafta boyunca dondurucuya koyun ve her gün kuvvetlice çalkalayın. İnce bir süzgeçten geçirin ve tekrar bir şişeye dökün. Kahve likörünü serin bir yerde saklayın ve ardından 2-3 ay saklayın.

96. Baharatlı kahve üzerine kestane kreması

içindekiler

- 200 gr kestane püresi (veya kestane pirinci)
- 200 ml çırpılmış krema
- 100 ml süt
- 24 gr pudra şekeri hazırlanışı

1. Kestane kreması için, tüm malzemeleri pudra şekeri eriyene ve kremamsı bir karışım oluşana kadar iyice karıştırın.
2. Karışımı 0,5 L'lik bir iSi Whipper'a dökün, bir iSi krem şarj cihazını vidalayın ve kuvvetlice çalkalayın. 1-2 saat buzdolabında soğutun.
3. Bir bardağa 1 çay kaşığı vanilya şekeri, $\frac{1}{2}$ çay kaşığı portakal kabuğu ve bir tutam tarçın, zencefil ve kakule ekleyin. Üzerine taze demlenmiş kahve dökün. Tepesi ile sıcak servis yapın ve hemen tadını çıkarın

97. Kahveli kek çıkar

içindekiler

- 160 gr mascarpone
- 1 yemek kaşığı espresso
- 1 çay kaşığı kahve likörü
- 150 gr kedi dili (ince ufalanmış)
- 110 gr kuvertür (beyaz)
- birkaç damla yağ
- 50 gr kuvertür (koyu) müstahzar

1. Kahveli kek çıkarması için önce mascarpone'u kahve ve kahve likörü ile karıştırın. Daha sonra bisküvi kırıntılarını ekleyin, böylece kolayca top haline getirilebilen ve ellerinize yapışmayan katı bir kütle oluşur. Aynı büyüklükteki topları açın ve yaklaşık yarım saat soğutun.

2. Bu sırada beyaz kuvertürü bir su banyosunda birkaç damla yağ ile eritin. Sapları bir ucundan batırın ve topların içine yerleştirin. Çikolata iyice kuruyana kadar serin bir yere koyun.

3. Ardından cake popları hafif kuvertür ile kaplayın ve sürekli çevirin. Sırın iyice kuruması için yaklaşık yarım saat tekrar soğutun.

4. Bu arada koyu kuvertürü biraz sıvı yağ ile eritin. Cake Pops'un üstünü süzün ve kahveli keki yemeden önce serin bir yerde tekrar kurumaya bırakın.

98. Anason ve meyankökü ile buzlu kahve

içindekiler

- 6 Nespresso kapsülü
- 1 çay kaşığı anason tohumu (küçük; öğütülmüş)
- 1 çubuk (lar) meyankökü
- 1 yemek kaşığı bal ☐ 7 yaprak nane (taze) ☐ Ice Cube Malzemesi:
- 2 su bardağı (110 ml)
- 1 cam eşya

hazırlık

1. Seçtiğiniz Nespresso kahve ile 6 espresso hazırlayın.
2. Espressoları öğütülmüş anason tohumları, iki parça meyan kökü ve balla birlikte soğuk bir cam sürahiye koyun. 10 dakika demlenmesine izin verin.
3. Karışımı soğutmak için sürahiyi buz küpleriyle dolu bir kovaya koymak en iyisidir.
4. Buzlu kaplara dökün ve taze nane yaprakları, yarım meyan kökü ve birkaç buz küpü ile süsleyin.

99. Kahve nağmeleme

içindekiler

- bisküvi

Dolgu için:

- 125 ml kahve
- 125 ml su
- 100 gr toz şeker
- 50 gr un
- 1 paket vanilya şekeri
- 1 çizgi kahve likörü (tatmak için)
- 1 yumurta sarısı
- 250 gr tereyağı (oda sıcaklığında) hazırlanışı

1. Kahve rulosu için önce pandispanyayı temel tarife göre hazırlayın. Piştikten sonra temiz ve kuru bir bezle sarın ve soğumaya bırakın.
2. Bu arada krema için tüm malzemeleri bir sos tenceresine alıp sürekli karıştırarak muhallebi kıvamına gelene kadar karıştırarak pişirin. Ocaktan alıp soğumaya bırakın. Sonra tereyağını karıştırın.
3. Pandispanyayı tekrar dikkatlice açın, üzerine kremayı yayın ve ruloyu tekrar sarın.
4. Kahve rulosunu servis edin.

100. Kahve pudingi

içindekiler

- 1/2 lt süt (%1)
- 1 paket toz vanilyalı puding
- 1 yemek kaşığı kahve kaybetmek
- 2 yemek kaşığı rom
- Tatlandırıcı (gerektiği kadar) hazırlama

1. Kahveli puding için puding tozunu bir miktar sütle karıştırın.
2. Sütün geri kalanını kaynatın, kahve, rom ve tatlandırıcıyı ekleyin. Karıştırılan pudingi kaynatın ve tatlı kaselerine paylaştırın.

ÇÖZÜM

Günlük hayatta giderek yaygınlaşan inanılmaz ve çarpıcı lezzetleri ile kahve tutkunlarına yardımcı olacak, birbirinden cezbedici ve farklı tarifler. En sevdiğinizi seçin ve iyi yiyin!

Ingram Content Group UK Ltd.
Milton Keynes UK
UKHW020606260623
424049UK00007B/76